NIVEAU AVANCÉ

GRAMMAIRE

Le nouvel Entraînez-vous

avec

450 NOUVEAUX EXERCICES

Évelyne SIREJOLS
Pierre CLAUDE

CLE
INTERNATIONAL

Édition : Martine Ollivier

Couverture : JSM

Réalisation PAO : Axel Micro, Paris

© CLE International, 1997 – ISBN : 209 - 033 835-4

AVANT-PROPOS

Ce cahier s'adresse à un **public de niveau avancé** en français ; il a pour objectif **le réemploi et l'ancrage de structures grammaticales** préalablement étudiées : les exercices proposés doivent permettre à l'apprenant de fixer ses acquisitions par le maniement des formes syntaxiques. Complément des méthodes, il offre un véritable entraînement grammatical.

Les dix-neuf chapitres de cet ouvrage, introduits par un proverbe ou un dicton, couvrent les faits de langue les plus fréquemment étudiés à ce niveau d'apprentissage, avec une organisation semblable à celle des méthodes actuelles qui mettent en relation besoins langagiers de la communication quotidienne et progression grammaticale.

Conçus pour des étudiants de 3ᵉ et 4ᵉ année, les exercices sont **faciles d'accès** ; les énoncés sont brefs, sans pour autant être éloignés des réalisations langagières authentiques : les auteurs se sont inspirés de situations de communication réelles et ont pris soin d'introduire des éléments de civilisation française contemporaine.

Les exercices sont présentés de **façon claire**, accompagnés d'exemples, évitant ainsi l'introduction d'un métalangage avec lequel l'apprenant est peu familiarisé. Les exercices, composés de huit phrases chacun, sont classés dans un même chapitre du plus simple au plus élaboré.

Chaque aspect grammatical est présenté à travers une **variété d'exercices** à difficulté progressive ; **leur typologie est connue des apprenants** : exercices à trous, exercices à choix multiple, exercices de transformation et de mise en relation.

Un bilan, plus souple dans sa présentation que les exercices, termine chaque thème, mettant en scène les différents aspects grammaticaux étudiés dans le chapitre. Il permet d'évaluer le degré d'acquisition de la difficulté grammaticale abordée et, si nécessaire, de retravailler les points encore mal acquis.

La conception pédagogique de chaque activité veut amener l'apprenant à **réfléchir sur chaque énoncé,** tant du point de vue syntaxique que du point de vue sémantique. Les exercices dont les réponses sont nécessairement dirigées n'impliquent pas pour autant un travail automatique sans réflexion sur les faits de langue étudiés.

Quant aux temps des verbes, dont la maîtrise est souvent difficile, ce n'est pas seulement leur formation qui importe mais aussi leur **emploi** et leur **valeur.**

Afin de faciliter l'**entraînement des apprenants autonomes,** chaque exercice trouve sa correction, ou les différentes formes acceptables, dans le livret *Corrigés,* placé à l'intérieur de l'ouvrage ; le professeur ou l'élève peut ainsi décider de le retirer ou de le conserver dès le début de l'apprentissage.

L'index devrait également faciliter l'utilisation de ce cahier ; grâce aux multiples renvois à l'intérieur des chapitres, il permet d'avoir accès à une difficulté grammaticale particulière ne figurant pas dans le sommaire.

Ce cahier devrait ainsi apporter à l'étudiant une plus grande maîtrise de la langue en lui donnant l'occasion d'affiner sa compétence linguistique… et par là même sa compétence de communication en français.

SOMMAIRE

I. L'INTERROGATION/LA NÉGATION/ L'INTERRO-NÉGATION/L'EXCLAMATION

Qui ne dit mot consent.

A. L'INTERROGATION

1 Distinguez le style courant du style soutenu.

> *Exemples :* Auriez-vous la monnaie de dix francs ? *(soutenu)*
>
> Vous avez la monnaie de dix francs ? *(courant)*

a. Est-ce que vous connaissez la rue du Cherche-Midi ? (. . . . .)

b. As-tu ses coordonnées ? (. . . . .)

c. Vous resterait-il du pain ? (. . . . .)

d. Tu peux m'aider ? (. . . . .)

e. Aime-t-elle la musique de Bach ? (. . . . .)

f. Nous sommes-nous déjà rencontrées ? (. . . . .)

g. Elle nous rejoindra quand ? (. . . . .)

h. Comment allez-vous ? (. . . . .)

2 Cochez les phrases en langage parlé.

> *Exemples :* Tu viens comment ? (X)
>
> Pourquoi nous quittez-vous si tôt ?

a. Prendrez-vous l'avion ? ( )

b. Tu fais quoi après ton cours ? ( )

c. Où a-t-elle appris l'espagnol ? ( )

d. Tu sais à quelle heure il sort ce soir ? ( )

e. Nous ferons la côte bretonne cet été ? ( )

f. Qu'as-tu choisi ? ( )

g. Avec qui ont-ils dîné hier soir ? ( )

h. Est-ce qu'on sort samedi ? ( )

3 Associez questions et réponses correspondantes.

a. Tu connais la nouvelle ?
b. Pourriez-vous me recevoir ?
c. Quel prix fait ce pull ?
d. Auriez-vous une cigarette ?
e. À qui parlait-elle ?
f. C'est combien ?
g. Tu as du feu ?
h. On se voit quand ?

1. Demain, 18 heures.
2. Tiens, mon briquet !
3. Il fait 350 francs.
4. Non, raconte !
5. Bien volontiers. Quelles sont vos disponibilités ?
6. Je suis désolé, je ne fume pas.
7. Elle téléphonait à son frère.
8. 150 balles !

4 Réécrivez les phrases suivantes en style soutenu.

Exemple : Ils font quoi ce week-end ?

→ **Que font-ils ce week-end ?**

a. Tu lis quoi ? → . . . .
b. Vous savez où sont les Philippines ? → . . . .
c. Est-ce que tu vas bien ? → . . . .
d. Tu as compris quoi ? → . . . .
e. Ils sont allés où ? → . . . .
f. Pourquoi on doit partir maintenant ? → . . . .
g. Elle fait la cuisine comment ? → . . . .
h. Qu'est-ce qu'ils attendent pour téléphoner ? → . . . .

5 Complétez les questions suivantes par *qui, que* ou *quoi* précédé ou non d'une préposition.

Exemple : **À qui** vous adressez-vous ? – À l'adjoint au maire.

a. Tu penses . . . . ? – À mon déménagement.
b. . . . . as-tu besoin ? – D'un stylo.
c. . . . . faites-vous ce soir ? – Nous voyons des amis.
d. . . . . vous avez discuté ? – Avec nos collègues.
e. . . . . a laissé ce message ? – M. Bagon.
f. Il fait une recherche . . . . ? – Sur la génétique.
g. . . . . comptent-ils faire ? – Ils pensent s'installer à Rome.
h. . . . . notez-vous ce rendez-vous ? – Pour le directeur commercial.

6 Reformulez ces questions en langage plus soutenu et utilisez *que* si c'est possible.

Exemples : Vous prenez quoi ? → **Que** prenez-vous ?

Jean s'intéresse à quoi ? → **À quoi** Jean s'intéresse-t-il ?

a. Tu t'occupes de quoi ? → . . . .
b. On doit présenter quoi ? → . . . .
c. Mme Lanvin a besoin de quoi ? → . . . .

d. Cet article traite de quoi ? → . . . .

e. Vous lisez quoi ? → . . . .

f. Ils achètent quoi ? → . . . .

g. On va voir quoi ? → . . . .

h. Mathilde travaille sur quoi ? → . . . .

7 Posez des questions portant sur les mots soulignés.

Exemples : Elle doit penser <u>à sa retraite</u>.

Elle doit penser <u>à fermer la porte</u>.

→ ***À quoi doit-elle penser ?***

a. Elle a commandé <u>un canapé en cuir</u>. → . . . .

b. Je suis préoccupé <u>par mon avenir</u>. → . . . .

c. Ils ont besoin <u>de prendre l'air</u>. → . . . .

d. Nous parlons <u>de nos prochaines vacances</u>. → . . . .

e. Jean se renseigne <u>sur la nouvelle Renault</u>. → . . . .

f. Ils apportent <u>un gâteau</u>. → . . . .

g. Elle observe <u>les insectes</u>. → . . . .

h. Ça sert <u>à ouvrir les huîtres</u>. → . . . .

8 Associez questions et réponses.

a. De qui vous plaignez-vous ?   1. De ma jambe.

b. À qui s'adresse-t-il ?   2. Sur mon mari.

c. Tu souffres de quoi ?   3. Avec de la gouache.

d. Avec qui êtes-vous en relation ?   4. Avec M. Paquet.

e. À quoi se raccroche-t-elle ?   5. À son banquier.

f. Sur qui comptez-vous ?   6. Du nouvel ingénieur.

g. Avec quoi peint-elle ?   7. Sur Voltaire.

h. Sur qui est cette biographie ?   8. À sa famille.

9 Complétez les questions suivantes par *comment, combien (de), pourquoi, quand, (d') où* ou *quand*.

Exemple : ***Combien*** de nuits pensez-vous rester ? – Trois nuits.

a. . . . . marche ce fax ? – Regarde, c'est très simple.

b. . . . . se marie-t-elle ? – En juin.

c. . . . . tu lis ce journal ? – Pour mon travail.

d. . . . . téléphonez-vous ? – De la gare Saint-Lazare.

e. . . . . pièces comporte cet appartement ? – Quatre.

f. . . . . as-tu rangé ton portefeuille ? – Dans mon sac.

g. Paul ne vient pas, ... ? – Il est grippé.

h. Vous avez besoin de . . . . ? – De 1 000 francs.

10 Posez des questions portant sur les éléments soulignés.

Exemples : Samedi soir, ta sœur m'a semblé triste.

→ ***Quand ma sœur t'a-t-elle semblé triste ?***

→ ***Comment ma sœur t'a-t-elle semblé samedi soir ?***

a. Nous partirons à Londres en avion.

→ ....

→ ....

b. Il traversera le désert avec Michel.

→ ....

→ ....

c. L'an dernier, j'ai appris à jouer aux échecs en regardant Dominique jouer.

→ ....

→ ....

d. À cause de l'orage, nous sommes rentrés plus tôt de la campagne.

→ ....

→ ....

e. Ce matin, il a mangé deux tartines, il ne paraissait pas malade !

→ ....

→ ....

f. Ils ont traversé à bicyclette la vallée de l'Eure.

→ ....

→ ....

g. Pour son anniversaire, il a invité une quinzaine d'amis.

→ ....

→ ....

h. Elle a accepté avec joie notre invitation pour le mois d'août.

→ ....

→ ....

11 Reformulez ces questions en style soutenu puis retrouvez la réponse correspondante.

Exemple : Joseph, il revient quand ? → ***Quand Joseph revient-il ?*** → 1.

a. Ce micro-ondes, il marche comment ? → ....

b. Vous nous quittez déjà, pourquoi ? → ....

c. Marie voyage comment ? → ....

d. Vous en pensez quoi ? → ....

e. Le dernier métro passe à quelle heure ? → ....

f. Le musée de Cluny, c'est où ? → ....

g. Cet enfant pleure, pourquoi ? → ....

h. « Protagoniste », vous l'écrivez comment ? → ....

Réponses : 1. Lundi prochain.   2. Je ne sais pas trop.   3. Regardez le mode d'emploi.   4. En Eurostar.   5. Il est déjà minuit !   6. Comme ça se prononce !   7. Au métro Saint-Michel.   8. Il vien de tomber.   9. Vers une heure.

12 Posez des questions portant sur les éléments soulignés.

Exemple : La semaine de 40 heures date en France des accords de Matignon signés en 1936.

→ *En quelle année/Quand les accords de Matignon ont-ils été signés ?*

a. Les accords de Matignon instituaient aussi deux semaines de congés payés annuels.

→ ....

b. Depuis 1982, la semaine de travail équivaut à 39 heures.

→ ....

c. En 1892, les enfants âgés de moins de 16 ans pouvaient travailler jusqu'à 10 heures par jour.

→ ....

d. Le travail est autorisé en France de façon continue à partir de 16 ans.

→ ....

e. Avant guerre, la journée de travail dépassait les 8 heures.

→ ....

f. Les charges salariales retenues au salarié représentent environ 23 % du salaire brut.

→ ....

g. Le SMIC (salaire minimum interprofessionnel de croissance) est révisé chaque année le 1er juillet.

→ ....

h. Les femmes gagnent en moyenne un quart de moins que les hommes.

→ ....

13 Complétez ces questions par *lequel, duquel* ou *auquel* écrit à la forme qui convient.

Exemple : Parmi ces deux formules, *laquelle* vous attire le plus ?

a. Tu as besoin d'un dictionnaire, mais . . . . précisément ?
b. . . . . de ces deux circuits souhaitez-vous faire ?
c. Tu t'intéresses à plusieurs métiers mais par . . . . es-tu le plus attiré ?
d. Ils disent que certains étudiants sont en difficulté mais . . . . font-ils allusion ?
e. . . . . de ces articles faites-vous référence ?
f. . . . . de ces deux outils te sers-tu ?
g. . . . . de ses amis ne veut-il plus adresser la parole ?
h. Prenez celle qui vous plaît. . . . . choisissez-vous ?

14 Demandez des précisions en utilisant *lequel, duquel, auquel, quoi* ou *qui* écrit à la forme qui convient.

Exemple : Adressez-vous à ce jeune homme. – *Auquel/À qui ?*

a. Occupez-vous de ces dossiers. – . . . . ?
b. Intéressez-vous à ce problème délicat. – . . . . ?
c. Prenez garde à cette femme. – . . . . ?
d. Tenez compte de ces données statistiques. – . . . . ?
e. Souvenez-vous de votre dernière expérience. – . . . . ?

f. Faites attention aux délais. – . . . . ?

g. Réfléchissez à nos projets. – . . . . ?

h. N'oubliez pas, vous avez besoin de justificatifs. – . . . . ?

15 **Soulignez la forme correcte puis répondez aux questions posées.**

Exemple : (À laquelle/À quelle/De laquelle) saison partez-vous en vacances ?
→ *Nous partons en vacances en été.*

a. Vos congés d'été ont en général la même durée. (Quelle/Laquelle/De laquelle) ?

→ . . . .

b. (Par quel/Auquel/Lequel) type de vacances êtes-vous le plus attirés ?

→ . . . .

c. (Lesquelles/Auxquelles/Quelles) sont vos destinations préférées ?

→ . . . .

d. (Quels/Lesquels/Desquels) loisirs avez-vous pendant vos congés ?

→ . . . .

e. (Lequel/Quel/Duquel) de ces pays êtes-vous tentés de visiter : le Guatemala, le Pérou, la Colombie, le Mexique ?

→ . . . .

f. (Duquel/Auquel/Sur lequel) avez-vous déjà pris des informations ?

→ . . . .

g. Pendant vos vacances, (auxquelles/desquelles/à quelles) activités consacrez-vous votre temps libre ?

→ . . . .

h. Parmi ces trois formules : circuit découverte, séjour village, stage sportif, (laquelle/de laquelle/quelle) vous correspond le mieux ?

→ . . . .

16 **Voici des informations sur l'habitat des Français. Posez des questions sur les éléments soulignés.**

Exemple : Les Français consacrent près de 30 % de leurs revenus au logement.
→ *Quel pourcentage de leurs revenus les Français consacrent-ils au logement ?*

a. Depuis le début des années 80, le montant des loyers et des charges a doublé.

→ . . . .

b. 66 % des Français rêvent d'une petite maison en province.

→ . . . .

c. Les trois quarts des Français bricolent chez eux.

→ . . . .

d. La cuisine est devenue le centre de la vie familiale.

→ . . . .

e. Les chambres rapetissent car elles sont conçues pour le repos et le rangement.

→ . . . .

f. Dans la salle de bains, la douche remplace la baignoire.

→ . . . .

g. La surface moyenne des jardins en France est de 650 mètres carrés.

→ . . . .

h. Quatre pièces réparties sur 90 mètres carrés composent en moyenne le logement des Français.

→ . . . .

17 **Posez des questions sur l'alimentation des Français.**

Exemple : Les dépenses alimentaires représentent 18,2 % du budget.

→ ***Quelles dépenses représentent 18,2 % du budget ?***

a. Les repas sont de moins en moins longs et copieux.

→ . . . .

b. Seul le petit déjeuner a pris plus d'importance ; il dure une vingtaine de minutes.

→ . . . .

c. Depuis le début des années quatre-vingt, on observe une baisse de la consommation des boissons alcoolisées.

→ . . . .

d. En 1995, les Français ont bu en moyenne 110 litres d'eau minérale.

→ . . . .

e. La maîtresse de maison a de plus en plus souvent recours aux plats tout prêts surgelés car elle manque de temps.

→ . . . .

f. Un quart des Français déjeunent à la cantine ou au restaurant.

→ . . . .

g. La consommation de produits frais répond à des préoccupations de santé et de gourmandise.

→ . . . .

h. Le développement des appareils ménagers facilite la vie domestique.

→ . . . .

B. La négation

18 Repérez les phrases négatives.

Exemples : Il ne croit que ce qu'il voit.

En avril, ne te découvre pas d'un fil ! *(négative)*

a. J'ai peur que l'avion n'ait du retard. (. . . . .)

b. Il ne prend que rarement sa voiture. (. . . . .)

c. Pauline n'aime ni le sport ni la musique. (. . . . .)

d. Nous n'avons guère le temps de passer vous voir. (. . . . .)

e. Ne vendez pas la peau de l'ours avant de l'avoir tué ! (. . . . .)

f. Elle ne fait que se plaindre. (. . . . .)

g. Je doute qu'il ne connaisse notre adresse. (. . . . .)

h. Ne pas claquer la porte. (. . . . .)

19 Assemblez questions et réponses (parfois plusieurs possibilités).

Exemples : Avez-vous une préférence ? → **Aucune.**

Connaissez-vous quelqu'un ici ? → **Personne.**

a. Quand vous marierez-vous ?

b. Qui croire ?

c. Que répondras-tu ?

d. Où allez-vous pour Pâques ?

e. À qui pensez-vous ?

f. Voulez-vous sortir ?

g. Que décidez-vous ?

h. Allez-vous parfois au théâtre ?

1. Personne.

2. Jamais.

3. Non.

4. Rien.

5. À personne.

6. Nulle part.

20 Répondez négativement aux questions suivantes en employant : *ne ... plus, ne ... jamais, ne ... rien, ne ... personne, ne ... aucun(e), ne ... nulle part, ne ... guère.*

Exemple : Avez-vous beaucoup de travail cette semaine ?

→ **Je n'ai guère de travail.**

a. De temps en temps, partez-vous en week-end ? → ....

b. Où passez-vous en vacances ? → ....

c. Qui voyez-vous pendant votre temps libre ? → ....

d. Que faites-vous le soir ? → ....

e. Avez-vous beaucoup d'amis ? → ....

f. Suivez-vous toujours des cours de peinture ? → ....

g. Voyez-vous souvent votre famille ? → ....

h. Faites-vous des projets pour l'avenir ? → ....

21 Réécrivez ce texte à la forme négative.

Anne <u>a choisi</u> de vivre à la campagne. Elle <u>apprécie beaucoup</u> la nature. Elle <u>a toujours</u> <u>quelque chose</u> à faire. Styliste de métier, elle <u>travaille toujours</u> : elle <u>a acheté</u> un fax <u>et</u> un ordinateur. Elle peut ainsi envoyer ses modèles <u>partout</u>. Elle <u>va parfois</u> à Lyon qui <u>se trouve</u> loin de chez elle. Elle y <u>a souvent quelqu'un</u> à rencontrer <u>ou quelque chose</u> à voir. Elle a <u>d'autres</u> activités et elle <u>est très</u> contente de son mode de vie.

....
....
....
....
....
....
....
....
....
....

22 Dites le contraire en employant *ne ... ni ... ni* ou *ni ... ni ... ne*.

> *Exemple :* J'aime la musique classique et le jazz.
> → Je *n'*aime *ni* la musique classique *ni* le jazz.

a. Elle étudie la littérature et les langues.

→ . . . .

b. Le piano et la flûte sont mes instruments préférés.

→ . . . .

c. Nous jouons au squash et au tennis.

→ . . . .

d. Bertrand et Martine viendront nous rejoindre.

→ . . . .

e. Nous avons visité le musée Picasso et le Centre Pompidou.

→ . . . .

f. Ils ont vécu au Japon et en Allemagne.

→ . . . .

g. Madeleine et Alice veulent s'installer en province.

→ . . . .

h. Son frère et ses amis lui ont téléphoné.

→ . . . .

C. L'INTERRO-NÉGATION

23 Repérez d'une croix les phrases interro-négatives.

> *Exemples :* Pourquoi tu ne prends pas le métro ? (X)
> Elle ne voyage qu'en avion ? ( )

a. Tu n'enregistres qu'une seule valise ? ( )
b. D'où arrive ce train ? ( )
c. N'est-ce pas le bus pour Antibes ? ( )
d. Ce TGV ne dessert que Lyon et Marseille ? ( )
e. Où se fait la correspondance ? ( )
f. Ne voyagez-vous pas en première classe ? ( )
g. Pourquoi n'a-t-elle pris qu'un aller simple ? ( )
h. À quelle heure passe le prochain RER ? ( )

24 Vous pensez que votre interlocuteur répondra affirmativement. Reformulez ces questions à la forme interro-négative.

> *Exemple :* Nous sommes-nous déjà rencontrés ?
> → *Ne nous sommes-nous pas déjà rencontrés ?*

a. Travaillez-vous chez IBM ?

→ . . . .

b. Vous connaissez Aline Dumont ?

→ . . . .

c. C'est une de vos amies ?

→ ....

d. Elle vous a invitée chez ses parents en Normandie ?

→ ....

e. Avaient-ils organisé une soirée costumée pour l'anniversaire de leur fille ?

→ ....

f. Vous avez dansé une bonne partie de la nuit ?

→ ....

g. Vous souvenez-vous d'un homme habillé en Lucky Luke ?

→ ....

h. En êtes-vous certaine ? Eh bien, c'était moi !

→ ....

25 **Répondez aux questions suivantes par** *oui* **ou** *si*.

Exemples : Ne sentez-vous pas la fraîcheur ? – *Si.*

Voulez-vous ma veste ? – *Oui.*

a. N'aimez-vous pas ce paysage ? – . . . .

b. Êtes-vous sensible à la nature ? – . . . .

c. C'est apaisant, n'est-ce pas ? – . . . .

d. Mais n'habitez-vous pas à Lille ? – . . . .

e. Vous aimeriez vous installer sur la côte normande ? – . . . .

f. N'y avez-vous jamais songé ? – . . . .

g. Vraiment, cela fait partie de vos projets ? – . . . .

h. Reviendrez-vous bientôt me rendre visite ? – . . . .

26 **D'après les réponses, posez la bonne question.**

Exemples : ***Êtes-vous mariée ?*** – Oui, je suis mariée.

N'avez-vous pas d'enfants ? – Si, j'ai deux fils.

a. . . . . ? – Oui, j'habite dans la région.

b. . . . . ? – Si, je travaille, je suis professeur.

c. . . . . ? – Oui, j'enseigne à Dijon.

d. . . . . ? – Si, mon mari est aussi enseignant.

e. . . . . ? – Oui, nous aimons la Bourgogne.

f. . . . . ?

   – Si, nous sommes tous les deux de la région.

g. . . . . ?

   – Oui, nous connaissons beaucoup de monde ici.

h. . . . . ? – Oui, nous aimons la vie ici.

27 Faites répondre Marc, Marie, Louis, Paul et Anne, tous étudiants, aux questions suivantes par une affirmation (+) ou par une négation (–).

Exemples :

	Marc	Marie	Louis	Paul	Anne
Es-tu sportif/ve ?	+	+	–	–	+
	Oui	*Moi aussi*	*Moi non*	*Moi non plus*	*Moi si*

a. Pratiques-tu un sport régulièrement ?

	+	–	–	+	+

....

b. Ne regardes-tu pas les émissions sportives à la télévision ?

	+	+	–	+	–

....

c. Ne préfères-tu pas un bon match à un bon film ?

	–	+	+	+	–

....

d. Lis-tu la presse sportive ?

	+	–	–	–	+

....

e. As-tu déjà assisté à un match ?

	+	+	–	+	+

....

f. Ne pourrais-tu pas payer 300 francs pour voir un match ?

	+	–	–	+	–

....

g. Ne fais-tu pas partie d'un club sportif ?

	+	–	–	+	+

....

h. Travailles-tu pour payer ta cotisation ?

	+	+	–	–	+

....

28 Posez librement des questions portant sur les loisirs. Tenez compte des réponses données.

Exemples : Oui, j'en lis souvent. → *Lisez-vous des romans policiers ?*

Si, elle l'aime bien. → *N'aime-t-elle pas la musique baroque ?*

a. Si, nous en prenons. → ....

b. Oui, j'en achète de temps en temps. → ....

c. Oui, j'y vais parfois. → ....

d. Si, ils y assistent assez souvent. → ....

e. Oui, elles les fréquentent. → ....

f. Oui, nous y jouons chaque semaine. → ....

g. Si, j'en fais régulièrement. → ....

h. Si, on les écoute toujours avec plaisir. → ....

29 Imaginez la question en fonction de la réponse donnée.

Exemple : **Vous n'êtes libre ni dimanche soir ni lundi soir ?**

– Dimanche non, mais lundi si.

a. . . . . ?

– Si, j'aime la cuisine brésilienne mais pas les plats portugais.

b. . . . . ?

– Au restaurant non, mais dans un café, bien volontiers !

c. . . . . ?

– Si, je visite très souvent des expositions d'art moderne, mais je vais rarement dans des galeries de peinture.

d . . . . ?

– La sculpture, si, mais pas le modelage.

e . . . . ?

– Si, j'aime beaucoup les sculptures de Rodin mais peu celles de Carpeaux.

f. . . . . ?

– Oui, j'adore Kandinsky mais la peinture de Klee me laisse indifférente.

g. . . . . ?

– À l'opéra oui, mais pas au concert.

h. . . . . ?

– Si, je suis allée souvent à l'Opéra Garnier mais encore jamais à l'Opéra Bastille.

D. L'EXCLAMATION

30 Faites des compliments en suivant le modèle suivant.

Exemple : Elle porte un beau tailleur. → **Quel beau tailleur !**

a. Une jolie robe. → . . . .

b. Des chaussures ravissantes. → . . . .

c. Un manteau superbe. → . . . .

d. Un sac original. → . . . .

e. Une broche splendide. → . . . .

f. Des bijoux raffinés. → . . . .

g. Des lunettes magnifiques. → . . . .

h. Un maquillage discret. → . . . .

31 Plaignez-vous en employant *que de, quel(s)* ou *quelle(s).*

Exemple : Un monde fou fait la queue devant une salle de cinéma.

→ **Que de monde !/Quelle queue !**

a. La pluie n'arrête pas, un vrai déluge !

→ . . . .

b. C'est un vrai travail de titan !

→ . . . .

c. Il fait une chaleur torride ; le soleil est écrasant !

→ . . . .

d. Vous êtes pris dans un embouteillage monstrueux ; il y a des voitures à perte de vue.

→ . . . .

e. Ses mensonges sont permanents ; il est menteur comme un arracheur de dents !

→ . . . .

f. Il fait un froid de canard ! Les routes sont bloquées par la neige.

→ . . . .

g. Un avion s'est écrasé ; une catastrophe, cinquante victimes.

→ . . . .

h. Un quartier de la ville est inondé d'eau ; les dégâts sont conséquents.

→ . . . .

32 Complétez les exclamations suivantes par *que de, comme, quel(s)* ou *quelle(s)*.

Exemple : **Comme** c'est calme ici !

a. . . . . il a grandi depuis l'année dernière !

b. . . . . bonne mine tu as !

c. . . . . changements en un an !

d. . . . . belles vacances nous allons passer !

e. . . . . nous allons bien nous reposer !

f. . . . . soleil magnifique !

g. . . . . bagages à monter !

h. . . . . plaisir de se revoir !

Bilan

33 Complétez ce dialogue en tenant compte des questions, des réponses et des exclamations données.

– Alors, raconte ! Comment s'est passé ton séjour à Nice ?

– Très bien ; Nice est une si belle ville que je ne l'ai pas quittée !

– Tu veux dire que tu . . . . Anne (a) ?

– Non, mais je lui ai téléphoné et elle est venue passer une journée avec moi.

– . . . . (b) ?

– Bien, elle se plaît beaucoup à Vence.

– . . . . (c) ?

– Elle y habite depuis deux ans et elle a arrêté de travailler ; elle s'occupe de ses filles.

– Tu . . . . (d) à Antibes ?

– Non, puisque je suis restée la semaine entière à Nice.

– Alors, qu'as-tu fait ?

– J'ai visité la vieille ville ; . . . . (e) merveille et . . . .
. . . . (f) dépaysement ! On se croirait en Italie.

– Tu . . . . (g) ?

– Si, bien sûr que j'ai visité le musée Matisse mais j'ai été un peu déçue par les œuvres exposées. . . . . (h), toi ?

– Non, quand j'ai voulu le visiter, il était en travaux et donc fermé. Et la Promenade des Anglais, tu . . . . (i) ?

– Exactement telle que je me l'imaginais.

– . . . . (j) ?

– Ce que j'ai préféré, je crois que c'est le marché aux Fleurs . . . .
. . . . . (k) couleurs, ... (l) variété ! J'aurais pu y passer des matinées entières.

– . . . . (m) occupais-tu le reste de tes journées ?

– L'après-midi, j'allais à la plage ou je me promenais près des ruines du château et, le soir, je dînais sur le port.

– . . . . (n) ?

– Si, parfois je me sentais un peu seule. Tu sais, la prochaine fois, tu pourrais m'accompagner, non ?

– . . . . (o) bonne idée ! . . . . (p) ?

– Pourquoi pas pour le pont de l'Ascension ?

– . . . . (q)

II. DÉTERMINANTS ET PRÉPOSITIONS

Il y a loin de la coupe aux lèvres.

A. LES DÉTERMINANTS

34 Complétez le texte suivant par *le, l'* ou *un*.

Exemple : **Le** musée du Louvre renferme **un** trésor artistique considérable.

a. . . . jardin splendide se trouve dans . . . dix-neuvième arrondissement : c'est . . . parc des Buttes-Chaumont.

b. Nous avons découvert . . . point de vue intéressant sur Paris en montant au sommet de . . . Arc de triomphe.

c. . . . réaménagement des Champs-Élysées a demandé . . . investissement financier très lourd.

d. . . . guide qui nous a accompagnés nous a permis de découvrir . . . quartier peu connu des touristes : . . . quartier de la Goutte d'or.

e. J'aime beaucoup . . . canal Saint-Martin ; . . . dimanche, je t'y amènerai.

f. . . . bord de la Seine attire de nombreux promeneurs ; . . . été, on peut y prendre . . . soleil.

g. On peut dire que . . . cimetière du Père-Lachaise est . . . lieu culte de Paris, comme . . . Marais ou . . . Quartier latin.

h. . . . départ de la promenade en bateau-mouche a lieu toutes les trente minutes sous . . . pont d'Iéna.

35 Complétez le texte suivant par *le, la, l', les, un* ou *une*.

Un matin, en sortant de chez moi, c'est-à-dire de (a) . . . appartement que j'occupe au troisième étage d'(b) . . . vieil immeuble, (c) . . . matin dont je parle, je découvris sur (d) . . . palier devant ma porte (e) . . . adorable petit chien tout noir. Il me regardait d'(f) . . . œil doux et ne semblait pas du tout égaré. Quoique un peu étonnée, je descendis (g) . . . escalier et, à ma grande surprise, (h) . . . chien me suivit. (i) . . . rue dans laquelle j'habite est assez passante et (j) . . . voitures y sont nombreuses. Je me dirigeai vers (k) . . . station de métro située à (l) . . . centaine de mètres, je me retournai et je constatai que (m) . . . animal marchait toujours sur mes pas. Il portait (n) . . . collier ; je me penchai ; (o) . . . nom y était gravé : Courandeau. C'était (p) . . . nom de mes voisins de palier. Comment n'y avais-je pas pensé plus tôt ? Évidemment, c'était (q) . . . nouvelle acquisition de ma voisine !

36 Complétez les phrases suivantes par *le* si nécessaire.

Exemples : . . . Lundi prochain, nous allons visiter un appartement.

On a rendez-vous *le* 3 octobre à 18 heures.

a. . . . jeudi de l'Ascension est toujours férié.

b. . . . mardi dernier, j'ai retrouvé une amie d'enfance.

c. . . . jour de Noël, certains magasins restent ouverts.

d. Toute la famille s'est réunie pour . . . Pâques.

e. Vous n'aurez pas de cours . . . lundi, c'est la Pentecôte !

f. On fleurit les cimetières pour . . . 1er novembre.

g. . . . dimanche en huit, nous partirons au bord de la mer.

h. Ils se sont rencontrés . . . . lundi, à l'aéroport ; . . . jeudi suivant, ils décidaient de vivre ensemble !

37 Associez les éléments suivants pour obtenir des phrases.

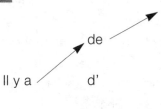

a. grands restaurants.

b. plages immenses.

c. innombrables cafés.

d. célèbres boîtes de nuit.

e. parcs d'attractions remarquables.

f. pensions de famille calmes.

g. adorables ruelles.

h. quartiers pittoresques.

38 Réécrivez les phrases suivantes en ajoutant l'adjectif entre parenthèses. Faites les accords nécessaires (parfois plusieurs possibilités).

Exemples : Elle a des garçons (sérieux) → Elle a *des* garçons sérieux.

Elle a des garçons (beau) → Elle a *de* beaux garçons.

a. Dans ce port, il y a des voiliers (magnifique).

→ . . . .

b. Il regarde des bateaux (vieux).

→ . . . .

c. Je photographie des paysages (sauvage).

→ . . . .

d. Elle collectionne des flacons de parfum (petit).

→ . . . .

e. Nous faisons des marches en montagne (long).

→ . . . .

f. Vous avez pris des photos (bon) ?

→ . . . .

g. Tu as fait des progrès en ski (énormes) !

→ . . . .

h. Nous avons passé des week-ends en Champagne (merveilleux).

→ . . . .

39 Replacez les adjectifs donnés entre parenthèses dans les phrases suivantes.

Exemples : Nous parlons des publications du mois (nouvelles).

→ Nous parlons **des nouvelles** publications du mois.

Je prends des chaussures de randonnée (bonnes).

→ Je prends **de bonnes** chaussures de randonnée.

a. J'ai besoin des lunettes de Sophie (vieilles).

→ ....

b. Ils ont des amis (nombreux).

→ ....

c. Tu as fait des affaires (excellentes).

→ ....

d. Elle achète des pommes de terre (nouvelles).

→ ....

e. Il fait des efforts en mathématiques (gros).

→ ....

f. Nous avons reçu des nouvelles de nos amis (mauvaises).

→ ....

g. Elle s'occupe des enfants du quartier (jeunes).

→ ....

h. Tu es contente des fleurs que je t'ai offertes (jolies) ?

→ ....

40 Insérez dans les phrases suivantes les adjectifs entre parenthèses. Faites les accords nécessaires (parfois deux possibilités).

Exemple : Luc commande une bière. (brun/grand)

→ Luc commande une **grande bière brune**.

a. On a vu une voiture. (américain/superbe)

→ ....

b. Pour le mariage, elle s'est acheté une robe. (beau/rayé)

→ ....

c. Amsterdam ! Vous avez visité cette ville ? (hollandais/magnifique)

→ ....

d. Je me souviens : elle fumait des cigares. (cubain/gros)

→ ....

e. Vous aviez des amis, je crois. (étranger/vieux)

→ ....

f. Le cassoulet, c'est un plat du Sud-Ouest. (copieux/typique)

→ ....

g. Pour l'anniversaire de Daniel, on s'est offert un dîner. (excellent/gastronomique)

→ ....

h. Olivier est marié avec une Autrichienne. (beau/quadragénaire)

→ ....

41 Complétez les phrases suivantes avec *il/elle est* ou *c'est*.

Exemple : M. Fonte, *il est* peintre ; *c'est* un jeune artiste.

a. Mlle Pareau, ... une bonne infirmière. . . . . nouvelle dans le service.

b. Je vous recommande ce fleuriste ; . . . . très original. . . . . spécialisé dans les compositions florales.

c. Tu ne connais pas Jacques Higelin ? . . . . un chanteur, ... assez connu.

d. Andréï Makine, ... un écrivain russe mais . . . . résident en France.

e. Le professeur de français, ... sympathique. Je crois que . . . . une Québécoise.

f. Cette femme, ... un mannequin ; . . . . suédoise ; . . . . ma voisine.

g. . . . . Paul, ... kinésithérapeute, ... un de mes vieux amis.

h. Je vous présente ma cousine ; . . . . la fille de mon oncle, ... étudiante aux Beaux-Arts.

42 Répondez par des phrases négatives.

Exemple : Lisez-vous des bandes dessinées ?

→ Je ne lis pas *de* bandes dessinées.

a. Suivez-vous des cours de phonétique ?

→ . . . .

b. Prenez-vous des leçons de piano ?

→ . . . .

c. Achetez-vous régulièrement des magazines ?

→ . . . .

d. Avez-vous un violon d'Ingres ?

→ . . . .

e. Faites-vous de la musique ?

→ . . . .

f. Pratiquez-vous un sport ?

→ . . . .

g. Écoutez-vous du jazz ?

→ . . . .

h. Enregistrez-vous des émissions à la radio ?

→ . . . .

43 Répondez aux questions suivant le modèle donné.

Exemples : Vous mangez des crudités ? (peu)

→ Je mange *peu de* crudités.

Tu bois du vin ? (eau)

→ Pas *du* vin mais *de l'*eau !

a. Vous voulez un café ? (thé)

→ . . . .

b. Tu as des fruits ? (assez)

→ ....

c. On commande une glace ? (un gâteau)

→ ....

d. Vous mangez des pommes de terre ? (trop)

→ ....

e. Tu bois de la bière ? (beaucoup)

→ ....

f. Tu prends des sucreries ? (énormément)

→ ....

g. Vous achetez des bonbons ? (chewing-gums)

→ ....

h. Vous buvez de l'alcool ? (pas du tout)

→ ....

44 **Complétez les expressions suivantes par** *le, la* **ou** *les* **si nécessaire.**

Exemples : On parle de *la* pluie et du beau temps.

Ils vivent d'... amour et d'... eau fraîche.

a. Je suis morte de ... fatigue.

b. Il est rongé par ... soucis.

c. Tu as accepté avec ... empressement.

d. Elle est morte de ... maladie du siècle : le cancer.

e. J'accepte avec ... plus grande joie votre invitation.

f. Ils ont agi par ... envie.

g. Cet homme vit de ... charité publique.

h. Elle est venue sans ... enthousiasme.

B. LES PRÉPOSITIONS

45 **Complétez cette commande par les quantités suivantes :** *une bouteille, une carafe, une assiette, un demi, une tasse, une portion, une coupe* **ou** *un plateau.*

Exemple : On a commandé de la soupe → *Une assiette de soupe.*

On a commandé : a. de la glace au chocolat. → ....

b. du fromage. → ....

c. des hors-d'œuvre. → ....

d. de l'eau. → ....

e. du vin rosé. → ....

f. un chocolat chaud. → ....

g. des frites. → ....

h. de la bière. → ....

46 Composez un menu à partir des produits suivants. Assemblez les éléments qui vont ensemble.

Exemple : Terrine/lapin → *une terrine de lapin.*

a. Bol   1. pommes de terre. → . . . .
b. Rondelle   2. fromages. → . . . .
c. Friture   3. pâtisseries. → . . . .
d. Casserole   4. fruits de saison. → . . . .
e. Gratin   5. soupe. → . . . .
f. Plateau   6. saucisson. → . . . .
g. Coupe   7. petits légumes. → . . . .
h. Assortiment   8. poissons. → . . . .

47 Associez les éléments suivants pour commander vos plats.

Exemple : pâté sanglier champignons

→ *Je voudrais un pâté de sanglier aux champignons.*

a. Sauté   veau   orange

→ . . . .

b. Grillade   porc   fines herbes

→ . . . .

c. Poulet   ferme   estragon

→ . . . .

d. Gigot   agneau   curry

→ . . . .

e. Marinade   poissons   tomate

→ . . . .

f. Salade   fruits   cannelle

→ . . . .

g. Tarte   fraises   chantilly

→ . . . .

h. Crème   marrons   café

→ . . . .

48 Complétez par *de* ou *en* pour indiquer la matière.

Exemples : Un bracelet **en** argent.
Une jupe **de/en** laine.

a. Une bague . . . . or.   e. Des bottes . . . . cuir.
b. Un pantalon . . . . lin.   f. Un collier . . . . perles.
c. Un chemisier . . . . coton.   g. Une broche . . . . cuivre.
d. Un pendentif . . . . émail.   h. Une veste . . . . daim.

49 Rayez ce qui ne convient pas (parfois plusieurs possibilités).

Exemples : Une tenue (de/en/à) ville.

Une robe (de/en/à) rayures.

Un pyjama (de/en/à) coton.

a. Une robe (de/en/à) soirée.

b. Une chemise (de/en/à) fleurs.

c. Un pull (de/en/à) cachemire.

d. Un manteau (de/en/à) fourrure.

e. Un gilet (de/en/à) carreaux.

f. Un foulard (de/en/à) pois.

g. Un blouson (de/en/à) demi-saison.

h. Un sac (de/en/à) dos.

50 Complétez librement le nom de ces appareils et ustensiles.

Exemples : Une machine à **écrire**.

Un couteau de **cuisine**.

a. Une lampe de . . . .

b. Une armoire de . . . .

c. Un four à . . . .

d. Une cuisinière à . . . .

e. Un séchoir à . . . .

f. Une pince à . . . .

g. Une poubelle de . . . .

h. Une plaque de . . . .

51 Indiquez si ces modificateurs désignent une finalité *(F)* ou un contenu *(C)*.

Exemples : Un verre de vin. (C)

Un verre à vin. (F)

a. Un couteau à poisson. (   )

b. Une carafe d'eau. (   )

c. Une cuiller à café. (   )

d. Un pot à lait. (   )

e. Un verre à moutarde. (   )

f. Une coupe à glace. (   )

g. Une tasse de thé. (   )

h. Un plateau de fromages. (   )

52 Complétez les phrases suivantes par *à, au, aux, en* **ou** *d', du, des*.

Exemple : Jeanne est rentrée *d'*Inde ; elle a passé trois semaines *à* Delhi.

a. Elle travaille . . . . . . Dijon. Elle voyage souvent . . . . . . Asie. Le mois dernier, elle est allée . . . . . . Philippines et . . . . . . Vietnam.

b. Marion passe ses vacances . . . . . . Espagne. Elle loue un appartement . . . . . . Malaga ; parfois, elle fait de brefs séjours . . . . . . Portugal. Ses amis ont fait construire une maison . . . . . . Viena de Castelo, une ville très pittoresque.

c. M. Brun revient . . . . . . Pérou ; il a fait le circuit des temples incas. Il est allé . . . . . . Machu Picchu, ... l'île de Taquilé, il a passé quelques jours . . . . . . Bolivie, ... La Paz. Il rentre . . . . . . Amérique du Sud avec la ferme intention d'y retourner.

d. Laurent vit . . . . . . Thaïlande, ... Bangkok. Il fait de nombreux voyages d'affaires. Il est actuellement . . . . . . Laos ; en rentrant . . . . . . régions du Nord, il doit s'arrêter . . . . . . Phnom Penh, ... Cambodge.

53 **Complétez ces phrases par** *de, d', de l', de la, du, d'un, d'une* **ou** *des*.

Exemple : Le Festival international *du* cinéma a lieu à Cannes. C'est une ville pleine *de* charme située sur la côte *d'*Azur, au bord *de la* mer Méditerranée.

a. Les habitants . . . . . . Grenoble ont . . . . . . chance. À partir . . . . . . mois . . . . . . décembre, ils peuvent faire . . . . . . ski. Les stations . . . . . . Alpes se trouvent à une petite heure . . . . . . voiture.

b. . . . . jour à l'autre, le temps change. Hier, ... sommet . . . . . . tour Eiffel, on distinguait très nettement les collines . . . . . . Saint-Cloud. Aujourd'hui, le ciel est couvert . . . . . . nuages et on ne voit même pas le dôme . . . . . . Invalides !

c. Pour le vernissage . . . . . . exposition, je vais mettre une robe . . . . . . laine. J'ai besoin . . . . . . ceinture assez large. Peux-tu me prêter celle . . . . . . ton tailleur gris ?

d. Sur la route . . . . . . Évreux, on connaît un excellent restaurant ; c'est le père . . . . . . amie qui le tient. Prenez les spécialités . . . . . . maison : le civet . . . . . . lièvre et la tarte aux pommes . . . . . . chef.

54 **Associez ces éléments pour faire des phrases (parfois plusieurs possibilités).**

a. C'est la clé		physique
b. Donne-moi ton livre		21 heures
c. J'attends la fin	de	film
d. Écoute le début	de l'	Turquie
e. Regarde, c'est le prof	de la	français
f. Elle a cours	du	chambre 312
g. On attend la séance		histoire
h. Elle a acheté un tapis		conférence

Bilan

55 Complétez ce texte par des déterminants et des prépositions si nécessaire.

. . . . . (1) déclin . . . . . (2) mariage

En France, ... (3) couple traditionnel a . . . . . (4) plomb dans . . . . . (5) aile !
Cependant, ... (6) affaiblissement . . . . . (7) nombre . . . . . (8) mariages n'est pas
propre . . . . . (9) notre pays ; toute . . . . . (10) Europe connaît . . . . . (11) même phénomène.
Mais la France (où . . . . . (12) taux . . . . . (13) nuptialité n'atteint que 4,4 pour 1 000 habitants) est, avec . . . . . (14) Finlande et . . . . . (15) Suède, un . . . . . (16) pays où on se marie
le moins. Parallèlement, ... (17) nombre . . . . . (18) couples candidats . . . . . (19) divorce
a triplé depuis . . . . . (20) années soixante.

Plusieurs types . . . . . (21) explication peuvent être avancés. . . . . . (22) facteurs juri-
diques ont joué : . . . . . (23) divorce par consentement mutuel, ... (24) reconnaissance
. . . . . (25) concubinage, jusqu'en 1996 . . . . . (26) avantages fiscaux pour . . . . . (27)
couples non mariés qui ont . . . . . (28) enfants. . . . . . (29) crise et . . . . . (30) allongement
. . . . . (31) études ont eu tendance . . . . . (32) repousser . . . . . (33) insertion dans . . . . .
(34) monde . . . . . (35) travail et . . . . . (36) rendre plus tardive . . . . . (37) indépendance
financière . . . . . (38) enfants.

En fait, ... (39) éléments expliquent surtout . . . . . (40) recul . . . . . (41) âge moyen.
. . . . (42) moment . . . . . (43) mariage (en 1995, 28,7 ans pour les hommes et 26,6 ans pour
les femmes). En réalité, ... (44) changements plus profonds sont intervenus dans
. . . . . (45) couple. Par . . . . . (46) travail, ... (47) femme a acquis . . . . . (48) certaine
autonomie ; de plus, ... (49) repères traditionnels, notamment ceux liés . . . . . (50) religion ont perdu . . . . . (51) terrain.

Pourtant, ... (52) couple reste . . . . . (53) valeur sûre mais sa forme a changé. Il a fait
place . . . . . (54) cohabitation hors . . . . . (55) mariage qui s'est fortement développée
depuis le début des années quatre-vingt.

III. AUTRES PRÉPOSITIONS

Le soleil luit pour tout le monde.

A. PRÉPOSITIONS DE LIEU

56 Écrivez le contraire des expressions soulignées.

> *Exemple :* Les Dubois vivent <u>à la périphérie</u> de Lyon.
>
> → Les Dubois vivent **au cœur** de Lyon.

a. Nous travaillons <u>loin de</u> chez nous.

→ ....

b. Ce musicien occupe l'appartement <u>au-dessus de</u> mes parents.

→ ....

c. Mon bureau se trouve <u>à gauche de</u> l'ascenseur.

→ ....

d. <u>Au pied de</u> la tour Eiffel, les touristes se pressent toujours nombreux.

→ ....

e. Sa voiture est garée <u>devant</u> la Renault rouge.

→ ....

f. Le numéro 226 se trouve <u>en bas de</u> l'avenue Kléber ?

→ ....

g. Vous verrez la boulangerie juste <u>après</u> le feu tricolore.

→ ....

h. La fontaine se trouve <u>à l'intérieur du</u> square ?

→ ....

57 Complétez les phrases suivantes par : *le long de*, *contre*, *en face de*, *à l'opposé de*, *vers*, *autour de*, *près de* **ou** *sous*.

> *Exemple :* J'ai laissé ton vélo **hors du** garage ; je n'avais pas la clé.

a. On a installé des coussins tout . . . . son lit pour qu'il ne se fasse pas mal.

b. Nous marcherons un peu . . . . canal, ça nous promènera.

c. Regarde si tes chaussons n'ont pas glissé . . . . ton lit !

d. Vous vous dirigerez . . . . Fontainebleau mais vous tournerez avant.

e. Ils se sont installés . . . . la ferme de ses parents.

f. Ne posez pas vos cannes à pêche . . . . le mur ; elles risquent de tomber !

g. L'école se trouve . . . . l'église, vous ne pouvez pas la manquer !

h. La poste, vous lui tournez le dos ; elle est exactement . . . . village.

58 Faites des phrases en associant ces éléments (parfois plusieurs possibilités).

a. Les enfants n'aiment pas vivre	pour	1. ce porche.
b. On passera	devant	2. ses amis.
c. C'est le train	chez	3. Amiens.
d. Garez-vous	en	4. ton nez.
e. Je te retrouverai	sous	5. appartement.
f. Martine restera	par	6. la corniche.
g. Abritons-nous	vers	7. le restaurant
h. Tes lunettes sont juste	en face de	8. le rayon des jouets.

59 Complétez les phrases suivantes par *de … à, de … vers, de … jusqu'à* **ou** *entre … et* (parfois deux possibilités).

> *Exemple :* Nous avons suivi l'autoroute pendant 33 kilomètres, **de** Beaune **à** Chalon-sur-Saône.

a. Ils ont entièrement traversé la France, ... Dunkerque . . . . Menton. Quel voyage !

b. Pour aller . . . . Nice . . . . Paris, il faut compter neuf heures en voiture.

c. Le vendredi soir, la circulation est toujours dense . . . . centre de Marseille . . . . la mer : les gens partent en week-end.

d. Attention, gros ralentissement sur le boulevard périphérique . . . . la porte de Vincennes . . . . la porte de Bagnolet.

e. Ils ont marché . . . . Luxembourg . . . . l'Opéra Bastille ; je comprends qu'ils soient fatigués !

f. . . . . Lille . . . . Paris, il y a le TGV maintenant.

g. Je voudrais prendre le train . . . . Moscou . . . . Pékin : c'est un de mes rêves.

h. Tu ne mets que trois minutes pour aller . . . . chez toi . . . . ton école ? Tu as de la chance !

B. PRÉPOSITIONS DE TEMPS

60 Complétez les phrases suivantes par : *dès, à partir de, avant de, au début de, d'ores et déjà, jusqu'à, au bout de, après* **ou** *d'ici là.*

> *Exemple :* Hier soir, nous avons veillé *jusqu'à* 3 heures, je n'en pouvais plus !

a. . . . . partir, n'oubliez pas de faire sortir le chat !

b. Elle s'est endormie . . . . les premières minutes ; quel dommage !

c. Ils l'ont attendu puis . . . . une trentaine de minutes, ils sont partis sans lui.

d. Quand tu seras majeur, tu feras ce que tu voudras mais, ... , tu fais ce que je te demande.

e. Le bilan de cette opération est . . . . connu : 50 000 francs de dons collectés au profit de la recherche médicale.

f. Le magasin ouvrira . . . . 1er septembre.

g. Le tonnerre a grondé ; quelques secondes . . . . on a senti les premières gouttes.

h. Je n'aime plus du tout Orléans, pourtant, ... mon séjour, je m'y plaisais.

61 Complétez ces phrases par : *sous, dans, en, d'ici, vers, par, de, pour* **ou** *depuis*.

Exemple : **Dans** une semaine, ce sera l'été.

a. Le peintre aura terminé la chambre . . . . vendredi ; il me l'a assuré.

b. Olivier n'a pas donné de nouvelles . . . . la Pentecôte ; c'est étrange.

c. Vous recevrez vos prestations . . . . la fin décembre.

d. Des agences japonaises proposent une visite de l'Europe . . . . moins d'une semaine.

e. Pourriez-vous nous adresser votre chèque . . . . huitaine ?

f. M. Lenoir a dû s'absenter . . . . quelques jours ; il sera de retour lundi matin.

g. Les Français aimeraient travailler 35 heures . . . . semaine au lieu de 39.

h. Le SMIC* n'a pas encore dépassé la barre des 40 francs . . . . l'heure.

* SMIC : Salaire Minimum Interprofessionnel de Croissance.

62 Rayez ce qui ne convient pas.

Exemple : Mon frère a contracté un emprunt (en/dans/sur) quinze ans pour acheter sa maison.

a. Elle a demandé à partir en préretraite (dès/au bout de/pour) l'âge de 55 ans.

b. (Depuis/À partir de/Après) la rentrée des classes, on sent que l'été est terminé.

c. (Dans/Pour/Sous) quelques mois, la Banque de France émettra de nouveaux billets.

d. Ce plat se prépare (pour/dans/en) une vingtaine de minutes.

e. Nous n'avons encore rien décidé (vers/pour/sur) les prochaines campagnes publicitaires.

f. Il n'a pas cessé de pleuvoir (pendant/depuis/pour) les fêtes de fin d'année.

g. Jonathan aura terminé ses études (d'ici/durant/sur) l'année prochaine.

h. Les étudiants ont beaucoup progressé (au bout/au cours/à partir) du premier trimestre.

C. PRÉPOSITIONS DIVERSES

63 Associez les éléments suivants pour faire des phrases.

a. Je t'assure que tu peux compter   1. avec le temps.

b. Les députés se sont élevés   2. en car.

c. Ne ris pas, il se prend   3. selon vos professeurs.

d. Quel étourdi, il est parti   4. dans les vingt ans.

e. Tout s'arrange   5. sur Hélène.

f. Élise doit avoir   6. pour un grand poète.

g. Je vous déconseille d'y aller   7. contre ce projet de loi.

h. Vous n'aurez aucune difficulté   8. sans ses papiers.

64 Complétez les phrases suivantes avec *par* ou *pour*.

Exemple : Ils se sont finalement décidés ***pour*** une petite voiture.

a. Qu'entendez-vous . . . . « rapidement » ?

b. Ils sont arrivés ici . . . . quel hasard ?

c. C'est . . . . cette raison que j'ai démissionné.

d. Si tu n'envoies pas ce pli . . . . la poste aujourd'hui même, il ne le recevra jamais à temps.

e. . . . . tous les temps, mon père portait ce vieux blouson.

f. . . . . tout vous avouer, je n'ai pas aimé ce roman.

g. Les professeurs de philosophie passent souvent . . . . des originaux.

h. Elle a été engagée . . . . son sens de l'organisation.

65 Faites des phrases à partir des éléments donnés.

Exemples : s'engager/honneur → ***Tu t'es engagée sur l'honneur à respecter cette règle.***

accepter/joie → ***Ils ont accepté avec joie notre invitation.***

a. se battre/ les grandes causes

→ . . . .

b. débuter/ un potage aux huîtres

→ . . . .

c. lutter/ l'exclusion

→ . . . .

d. payer/chèque

→ . . . .

e. se prononcer/ une proposition

→ . . . .

f. se passionner/ la philatélie

→ . . . .

g. se jeter/ la nourriture

→ . . . .

h. répondre /hésitation

→ . . . .

66 Complétez les phrases suivantes à l'aide de : *sous, sur, pour, en, sans, envers, d'après, contre* ou *avec*.

Exemple : Le juge a préféré passer ***sous*** silence une partie du dossier.

a. Cette sortie est réservée aux clients . . . . achats.

b. Aujourd'hui, les enfants ont peu de respect . . . . les personnes âgées.

c. Louise a peint cette toile . . . . nature.

d. Tu as un peu tendance à prendre tes désirs . . . . des réalités.

e. L'INSEE* mène de grandes enquêtes . . . . la population française.

f. Et la citrouille se transforma aussitôt . . . . carrosse.

g. Elle a agi . . . . sa volonté ; on l'y a forcée.

h. Je n'arriverai jamais à faire tout ça, même . . . . l'aide de ma sœur.

* INSEE : Institut National des Statistiques et des Études Économiques.

67 Rayez ce qui ne convient pas.

Exemples : Le chien s'est enfui : il a sauté (au-dessus/par-dessus) la clôture.

Les avions n'ont pas le droit de passer (au-dessus/par-dessus) des grandes villes.

a. Ils ont acheté un sandwich (avant/devant) de monter dans le train.

b. Les bagages sont rangés (derrière/à l'arrière) de la voiture, dans le coffre.

c. Mon portefeuille a glissé (au-dessous du/sous le) fauteuil et je ne peux pas l'attraper.

d. Ses amis ne vivent pas en banlieue mais (dans/à l'intérieur de) Perpignan.

e. Regarde cette photo ; je suis juste (derrière/à l'arrière de) la mariée.

f. Vous verrez la pharmacie, elle se trouve un peu (avant/devant) le grand carrefour.

g. Mme Delile, ce n'est pas ici, elle habite (au-dessous de/sous) chez moi.

h. Je n'ai pas dit sur le bureau, sinon tu le verrais, mais (dans le/à l'intérieur du) bureau.

68 Complétez les phrases suivantes avec : *à l'encontre de, à la rencontre de, en raison de, à raison de, envers, vers, à défaut de, faute de, hors de* **ou** *hormis.*

Exemples : Joseph est très reconnaissant **envers** sa famille.

Les premières télévisions ont été commercialisées **vers** le début des années cinquante.

a. On ne peut rien lui reprocher . . . . ses retards répétés.

b. Les bus ne circuleront pas le jeudi 6 juin . . . . l'arrêt de travail des conducteurs.

c. Mon fils n'a pas poursuivi ses études . . . . moyens.

d. Son état de santé s'est nettement amélioré ; il est désormais . . . . danger.

e. Si vous ne suivez pas ces conseils, vous allez . . . . nombreux problèmes.

f. . . . . quelques minutes de gymnastique quotidienne, elle retrouvera vite une allure de jeune fille.

g. . . . . pain, nous nous contenterons de biscottes.

h. Nous lui avons proposé de passer la nuit chez nous ; . . . . notre suggestion, il a repris la route.

69 Complétez les phrases suivantes avec : *à la faveur de, en faveur de, à part, de la part de, à travers, en travers de, quant à, quitte à, de fait* **ou** *en fait.*

Exemples : Brigitte se pensait malade ; **en fait**, elle attendait un enfant.

Les Français ont réduit leur consommation de vin : **de fait**, ils boivent beaucoup plus d'eau minérale.

a. . . . . partir avant la fin du film, je préfère ne pas aller au cinéma.

b. Les députés ont voté une nouvelle loi . . . . l'emploi des jeunes.

c. Je vous apporte une galette et un petit pot de beurre . . . . ma mère.

d. . . . . son contrat de travail, il n'en a jamais reçu de copie.

e. Après la tornade de cette nuit, on a trouvé un arbre couché . . . . l'allée.

f. Tous les étudiants se sont présentés au cours ce matin, ... Catherine Baudin.

g. Les prisonniers se sont évadés . . . . la nuit.

h. On retrouve l'empreinte des auteurs du xix\ :math:`^e` siècle . . . . la littérature contemporaine.

Bilan

70 **Complétez ce texte par les prépositions suivantes :** *en dépit des, à partir de, hors de, parmi, face aux, dans, derrière, et, depuis, dès, à travers, sur, pendant, en, pour, par, à, de* **ou** *après*.

Le Tour de France

. . . . *(a) 1903, les étés français sont ponctués* . . . . *(b) le Tour.* . . . . *(c) changements de modes* . . . . *(d) de mœurs, chaque mois* . . . . *(e) juillet ajoute* . . . . *(f) l'épopée des « géants de la route ». Et chaque année, des millions de personnes se passionnent* . . . . *(g) cette course désormais entrée* . . . . *(h) la légende.*

. . . . *(i) 1905, les coureurs doivent faire leurs preuves* . . . . *(j) premières étapes de montagne. Tout le monde peut suivre cette course* . . . . *(k) les ondes,* . . . . *(l) 1929 puisque la TSF* diffuse les premiers enregistrements directs.* . . . . *(m) les années trente, les coureurs sont organisés* . . . . *(n) équipes nationales et* . . . . *(o) eux, suivent des caravanes publicitaires.*

Aujourd'hui, le Tour rassemble de nombreux coureurs venus de partout. Il se déroule . . . . *(p) trois semaines, passe aussi bien* . . . . *(q) la France que* . . . . *(r) ses frontières.*

. . . . *(s) Eugène Christophe qui sera le premier champion à revêtir le Maillot jaune en 1919, d'autres grands noms figurent* . . . . *(t) les vainqueurs du Tour : Jacques Anquetil, Eddy Merckx, Bernard Hinault, Greg Lemond, Miguel Indurain...*

* TSF : Transmission Sans Fil (pour la radio).

IV. LES TEMPS DU PASSÉ

Si jeunesse savait, si vieillesse pouvait.

A. EMPLOI DE L'IMPARFAIT, DU PASSÉ COMPOSÉ ET DU PLUS-QUE-PARFAIT

71 Réécrivez à l'imparfait les phrases suivantes pour exprimer des états.

> *Exemple :* Le peuple redoute autant la disette que les bourgeois craignent la banqueroute.
>
> → En 1789, le peuple **redoutait** autant la disette que les bourgeois **craignaient** l[a] banqueroute.

a. La R 19 apporte à la gamme Renault une touche de modernité.

→ En 1988, ...

b. L'Algérie se trouve sous domination turque.

→ Au début du siècle dernier, ...

c. Napoléon III est président de la République.

→ Avant de s'autoproclamer empereur, ...

d. Le dimanche, il ne se lève jamais avant 10 heures.

→ Adolescent, ...

e. Mon oncle parcourt tous les jours dix kilomètres à pied.

→ Jusqu'à l'âge de 90 ans, ...

f. Romain Gary exerce une brillante carrière de diplomate.

→ Avant de se consacrer à la littérature ....

g. Jacques et moi, nous allons régulièrement au théâtre.

→ À Paris, ...

h. Il choisit avec attention les légumes les plus frais.

→ Quand il allait au marché, ...

72 Répondez aux questions suivantes en employant le passé composé (attention à l'accor[d] des participes passés).

> *Exemple :* Tu as pris assez d'argent ? Non, *je n'en ai pas pris assez.*

a. Tu as déchiffré la partition sans trop d'efforts ?

Non, ...

b. Brigitte a envoyé les cartes postales à ses amis ?

Non, ...

c. Vous avez fait des travaux chez vous ?

Oui, ...

d. Tu as lu le dernier livre de Giesbert sur Mitterrand ?

Non, ...

e. Le gardien a réparé les boîtes aux lettres ?

Oui, ...

f. La police a identifié les coupables ?

Non, ...

g. Les services de la météo ont annoncé cette pluie ?

Non, ...

h. Tu as donné ta démission ?

Non, ...

73 **Accordez si nécessaire le participe passé dans les phrases suivantes. Attention, la personne qui s'exprime est une femme qui parle en son nom** *(je)* **et parfois aussi en celui de son amie** *(nous)***.**

> *Exemple :*   Il nous a reconduit (**es**) chez nous après le dîner.

a. Je leur ai prêté . . . un peu d'argent.

b. Ils vous ont parlé . . . d'assurance toute la soirée.

c. Elles nous ont aperçu . . . au croisement de la rue Biot et du boulevard de Clichy.

d. Cette eau fraîche nous a désaltéré . . . après la promenade.

e. Il m'a relevé . . . après ma chute.

f. Vous m'avez accompagné . . . à l'hôpital.

g. Nous vous avons proposé . . . de prendre un dernier verre.

h. Ils t'ont convaincu . . . que ton prénom, Suzanne, n'était pas du tout ridicule.

74 **Accordez si nécessaire les participes passés suivants.**

> *Exemples :* Hélène s'est tordu . . . la cheville.
>
>   Nous nous sommes rencontré**s** un samedi.

a. Déçue, je me suis opposé . . . à cette décision.

b. Vous vous êtes parlé . . . sans vous mettre en colère.

c. Ils se sont aperçu . . . qu'ils avaient étudié dans le même lycée.

d. Elle s'est juré . . . de ne plus fumer le matin.

e. Ils se sont donné . . . rendez-vous place de la Bastille.

f. Nous nous sommes rendu . . . compte de notre erreur.

g. Ils se sont installé . . . à Paris il y a trois ans.

h. Vous vous êtes raté . . . de trois minutes.

75 **Conjuguez au temps qui convient le verbe entre parenthèses.**

> *Exemple :*   À travers les femmes qu'il a aimées, Paul Léautaud recherchait sa mère. Il le
>   (savoir) *savait* et l'a même écrit.

a. Trois jeunes ont été tués hier soir dans la banlieue de Strasbourg alors qu'ils (circuler) . . . . dans une voiture volée.

b. France Info, qui n'existait pas il y a cinq ans, (devenir) . . . . l'une des premières radios françaises.

c. À l'aéroport, l'hôtesse nous (dire) . . . . que notre avion ne partait que le lendemain.

d. Nathalie a arrêté la cigarette le mois dernier. Elle (fumer) . . . . plus d'un paquet par jour.

e. Max Linder était un immense comédien qui ne (mesurer) . . . . qu'un mètre cinquante-sept.

f. Nous n'avions pas de dictionnaire. C'est pour cette raison que nous (ne pas corriger) . . . . toutes les fautes.

g. Avant la crise, Frédéric (travailler) . . . . pour un constructeur naval. Depuis, il a totalement changé d'activité.

h. Louis II a menacé de ruine la Bavière en construisant des châteaux extravagants. Son entourage (dire) . . . . qu'il était fou.

76 **Reconstituez les phrases suivantes.**

a. Je suis allé voir *Tirez sur le pianiste* hier soir.

b. Nous avons passé un instant formidable avec nos amis.

c. En rentrant, Lucien a cherché à retrouver les gens avec lesquels

d. J'étais malade comme un chien.

e. L'immeuble avait brûlé en 1895

f. Avant de devenir patron de son entreprise,

g. Jusqu'à la guerre,

h. Elle s'était mariée à 15 ans

1. il avait été manutentionnaire.

2. sa vie avait été très agréable.

3. puis avait été reconstruit l'année suivante.

4. puis était devenue danseuse dans un cabaret.

5. il avait vécu dix ans plus tôt.

6. C'est un classique, pourtant je ne l'avais jamais vu.

7. Ils avaient été si déçus de ne pas nous voir l'été dernier.

8. J'avais attrapé le paludisme.

77 **Écrivez au plus-que-parfait les phrases suivantes.**

Exemple : Avant d'aller à Paris, j'(acheter) **avais acheté** un plan de métro.

a. Sur le catalogue, les fauteuils me (plaire) . . . . ; mais quand j'ai découvert les fauteuils en question, j'ai compris que je (être) . . . . victime d'une escroquerie.

b. Trois semaines avant notre départ pour les États-Unis, nous (aller) . . . . en Angleterre.

c. Bien avant la guerre, la ligne Maginot (représenter) . . . . une défense infranchissable.

d. Antoine Vitez (devenir) . . . . administrateur de la Comédie-Française quelques mois avant sa mort.

e. Ces hommes affamés (ne rien avaler) . . . . depuis trois jours.

f. Glenn Gould (donner) . . . . de nombreux concerts avant de se consacrer exclusivement au disque.

g. Avant *Ninotchka*, Greta Garbo (ne jamais rire) . . . . dans aucun de ses films.

h. Dans les années soixante-dix, Georges Delerue (composer) . . . . de nombreuses musiques pour le cinéma.

78 **Transformez les phrases suivantes en employant l'imparfait, le passé composé et, lorsque cela est possible, le plus-que-parfait. (Parfois, plusieurs possibilités.)**

Exemple : Dans le métro, on rencontre toutes sortes de gens. Ceux qui font la manche comme ceux qui se donnent en spectacle.

→ Dans les années quatre-vingt, dans le métro, on **rencontrait** toutes sortes de gens. Ceux qui **faisaient** la manche comme ceux qui se **donnaient** en spectacle.

a. Elle va souvent en Normandie, c'est la région qui l'a vue naître.

→ Avant sa maladie, ...
. . . .

b. Marion travaille dans une boîte de nuit qui a eu beaucoup de succès auprès des jeunes Toulousains pendant la guerre.

→ Avant son mariage, ...
. . . .

c. Les guides me disent que, le matin, il faut éviter de passer par le nord.

→ Hier, ...
. . . .

d. Elvire est effondrée et accuse Dom Juan car il l'a déshonorée.

→ Dans sa première scène, ...
. . . .

e. Malgré la circulation, on constate que le vélo est très pratiqué à Paris.

→ Au début des années quatre-vingt-dix, ...
. . . .

f. Adèle traverse l'océan car elle veut avouer son amour au lieutenant Pinson.

→ À vingt ans, ...
. . . .

g. Michel Poiccard aime une femme qui a une très jolie nuque mais qui est lâche.

→ Avant sa mort, ...
. . . .

h. Le ministre de l'Intérieur renforce la répression contre les immigrés clandestins qu'il trouve trop nombreux.

→ À la suite des attentats de l'été 95, ...
. . . .

79 Transformez les phrases suivantes en les réécrivant au passé.

Exemple : Anna est en vacances. Je reçois une carte dans laquelle elle me dit qu'elle a retrouvé une vieille amie.

→ Anna **était** en vacances. J'**ai reçu** une carte dans laquelle elle me **disait** qu'elle **avait retrouvé** une vieille amie.

a. L'air est si doux que nous passons notre temps dehors. Nous prenons le petit déjeuner, nous déjeunons et nous dînons en famille dans le jardin.

→ L'air était . . . .

. . . .

b. Le facteur monte le courrier tous les matins. Je l'attends avec impatience car j'espère chaque jour un mot de toi.

→ Le facteur montait . . . .

. . . .

c. Je vois passer un bateau qui est toutes voiles dehors et je me demande où il peut aller avec une mer pareille.

→ L'autre jour, j'avais vu passer un bateau . . . .

. . . .

d. André Gide aime beaucoup Marivaux. Mais pour dix pièces de Marivaux, il ne donne pas une seule pièce de Molière.

→ André Gide aimait . . . .

. . . .

e. Mon fils ne lit pas assez. Il a des lacunes terribles. Je le lui dis souvent mais il n'y a rien à faire.

→ Mon fils n'avait pas assez lu . . . .

. . . .

f. Tu vends ta collection de timbres pour une bouchée de pain. Tu as donc un tel besoin d'argent.

→ Tu as vendu . . . .

. . . .

g. J'aime jouer au football. Je l'ai pratiqué, comme tous les gosses de mon âge, dans la cour de récréation.

→ J'aimais . . . .

. . . .

h. Les promoteurs s'acharnent sur le Sud de la France et le transforment en une vaste zone urbaine hétéroclite.

→ Les promoteurs se sont acharnés . . . .

. . . .

B. LE PASSÉ SIMPLE : FORME ET EMPLOIS

80 Soulignez dans le texte suivant les verbes au passé simple et donnez leur infinitif.

Elle reposa assez tranquillement jusqu'à deux heures du matin ; mais alors je l'entendis se plaindre : je lui parlai, elle n'était plus en état de me répondre. Elle ne fit que me serrer la main très légèrement, et elle avait le visage d'une personne mourante.

La frayeur alors s'empara de moi : je tombai dans l'égarement ; de ma vie je ne sentis rien d'aussi terrible. Il me sembla que tout l'univers était un désert où j'allais rester seule : je compris combien je l'aimais, combien elle m'avait aimée ; tout cela se peignit dans mon cœur d'une manière si vive que cette image-là me désola. (D'après *La Vie de Marianne* de Marivaux).

<u>reposa</u> (reposer) . . . .

. . . .

. . . .

. . . .

81 | Mettez les verbes soulignés au passé simple.

Exemple : Il <u>est entré</u> dans la taverne avec son ami.

→ Il ***entra*** dans la taverne avec son ami.

a. Ils <u>ont salué</u> l'assistance.

→ . . . .

b. Nous <u>avons</u> tous <u>levé</u> nos verres pour boire à leur santé.

→ . . . .

c. Juliette <u>a entrepris</u> de chanter une chanson de Piaf.

→ . . . .

d. Moi, j'<u>ai souri</u> de voir cette heureuse assistance.

→ . . . .

e. Vous, vous <u>avez continué</u> à vider vos verres sans retenue.

→ . . . .

f. Des étudiants <u>sont accourus</u> pour lui demander de raconter une histoire.

→ . . . .

g. Le poète s'<u>est</u> un peu <u>fait</u> prier avant d'accepter.

→ . . . .

h. Finalement, il <u>a pris</u> la parole.

→ . . . .

82 | Reconstituez les phrases suivantes.

a. Vincent était allongé sur son lit

b. Tarzan mangeait tranquillement sa banane.

c. J'étais devant mon poste de télévision.

d. Alors qu'Alice ne s'y attendait pas,

e. Laurent promenait son caniche.

f. J'étais seul sur le balcon

g. Il faisait chaud, ce soir-là.

h. Marc ressentait une curieuse douleur derrière la nuque.

1. quand j'aperçus la voiture du baron.

2. Brusquement, un énorme briard les poursuivit.

3. la voiture fonça sur elle.

4. Tout à coup, je vis le visage de Madeleine sur l'écran.

5. Soudain, le singe se jeta sur lui.

6. lorsque la lumière s'éteignit.

7. Sans attendre, Claire appela SOS Médecin.*

8. J'enlevai ma veste d'un geste rapide.

* SOS Médecins : service téléphonique d'urgences médicales.

83 Conjuguez au passé simple les verbes entre parenthèses.

Ce matin-là, Michel s'était levé de bonne humeur. Il faisait beau, chaud et il avait fait un rêve tendre, plein du plaisir que procurent d'agréables rencontres. Il se (servir) **servit** un bol de café, (a. allumer) la radio et ... c'est à ce moment-là que les choses (b. commencer) à se détraquer. Un journaliste racontait sur un ton badin toutes les misères du monde. La guerre avait éclaté là, telle maladie connaissait un développement ahurissant ici, tel train avait déraillé en Inde et entraîné dans la mort des centaines de gens. Une fameuse équipe de football s'était inclinée devant une autre, inconnue ; une vedette de cinéma avait divorcé d'avec une Miss Monde ; la TVA allait encore augmenter... L'œil triste, les oreilles terrassées par tant de catastrophes, il en (c. oublier) la biscotte qu'il tenait du bout des doigts et ne la (d. voir) pas se désintégrer dans son café. Consterné, il (e. aller) vider le tout dans l'évier et (f. pousser) un gros soupir qui (g. avoir) pour effet de réveiller les chats qui (h. aller) se réfugier dans le lit encore tiède...

a . . . . b . . . . c . . . . d . . . .
e . . . . f . . . . g . . . . h . . . .

84 Écrivez les verbes entre parenthèses à l'imparfait ou au passé simple.

Exemple : En entrant, il (apercevoir) Paul qui (fumer) un cigare.
→ En entrant, il **aperçut** Paul qui *fumait* un cigare.

a. Je (prendre) . . . . le train qui (partir) . . . . pour Nice.

b. Les Bourgeois de Calais (remettre) . . . . les clés de la ville aux Anglais.

c. Ils (décider) . . . . d'abandonner la course. Les autres n'(être) . . . . pas assez entraînés.

d. Il y (avoir) . . . . une vague plus haute que les autres qui (engloutir) . . . . le navire.

e. La dame (prendre) . . . . le billet de 100 francs et le (tendre) . . . . au mendiant.

f. Ils (emplir) . . . . la remorque de gravats qui (être) . . . . bien trop lourds.

g. J'(entendre) . . . . le « bang » du Concorde qui (passer) . . . . au-dessus de la maison.

h. Elle (servir) . . . . une soupe qui (sentir) . . . . délicieusement bon.

85 Écrivez les phrases suivantes au passé en utilisant le passé simple et, éventuellement d'autres temps du passé.

Exemple : Il nous raconte l'histoire de ses tristes amours.
→ Il nous *raconta* l'histoire de ses tristes amours.

a. Olympe le séduit parce qu'elle a un corps parfait.

→ . . . .

b. Juliette est sensuelle, ce qui lui plaît beaucoup.

→ . . . .

c. La douceur d'Antonia et son caractère passionné le ravissent.

→ . . . .

d. Pourtant, il ne peut garder l'amour d'aucune des trois.

→ . . . .

e. La première se brise sous ses yeux car ce n'est qu'une poupée mécanique que Robert Houdin a conçue.

→ . . . .

f. La deuxième est vénale et ne fait que se moquer de lui.

→ . . . .

g. Quant à la troisième, elle ne survit pas à la maladie qu'elle a héritée de sa mère.

→ . . . .

h. C'est ici que notre poète termine son histoire.

→ . . . .

86 **Passé simple, imparfait ou plus-que-parfait ? Complétez les phrases suivantes en conjuguant le verbe entre parenthèses.**

Exemple : Napoléon **prit** (prendre) la parole et **dit** (dire) : « Merci », ce qui **était** (être) rare de la part de l'Empereur qui n'**avait** pas **appris** (ne pas apprendre) la politesse.

a. Je . . . . (manger) tranquillement mon steak frites lorsque tu . . . . (arriver).

b. Tu me . . . . (dire) que nous . . . . (oublier) le rendez-vous et que nous . . . . (être) en retard.

c. Je te . . . . (demander) de quel rendez-vous il . . . . (s'agir) et tu . . . . (hausser) les épaules.

d. Tu . . . . (recevoir) ma lettre mais tu ne me . . . . (répondre) jamais.

e. Le pétrole . . . . (jaillir) à l'endroit où j' . . . . (construire) ma maison.

f. J' . . . . (avoir) à peine le temps de retirer ma serviette que tu me . . . . (pousser) dehors.

g. Le temps . . . . (presser), Anne, Pauline et Pierre . . . . (descendre) quatre à quatre l'escalier.

h. Alain et Marie . . . . (s'engouffrer) dans un taxi qui les . . . . (attendre).

87 **Réécrivez les phrases suivantes en employant le passé simple, l'imparfait ou le plus-que-parfait.**

Exemple : La reine d'Angleterre, Elisabeth Ire, meurt (**mourut**) à Richmond le 24 mars 1603.

a. Son père Henri VIII épouse six femmes. La première, Catherine d'Aragon, met au monde une fille.

→ . . . .

b. Henri divorce après dix-huit ans de mariage car Catherine ne lui donne pas de garçon. → . .

. . . .

c. Anne Boleyn est ravissante. Henri la fait exécuter car de méchantes rumeurs courent sur son
compte. → . . . .
. . . .

d. De plus, elle non plus ne lui donne pas d'héritier mâle. → . . . .
. . . .

e. Jeanne Seymour accouche du seul héritier mâle du roi mais cette naissance lui est fatale.
→ . . . .

f. Henri et Anne de Clèves divorcent l'année même de leur mariage. → . . . .
. . . .

g. On décapite la belle Catherine Howard parce qu'elle déshonore la couronne. → . . . .
. . . .

h. Catherine Parr est plus une infirmière qu'une épouse pour le vieux roi qui la précède dans la mort.
→ . . . .

C. LE PASSÉ ANTÉRIEUR ET LE PASSÉ SURCOMPOSÉ : FORMES ET EMPLOIS

88 Réécrivez ces phrases au passé antérieur.

Exemple :   J'aperçois mon ami. → J'*eus aperçu* mon ami.

a. Nous vainquons la concurrence. → . . . .

b. Nous passons le mur du son. → . . . .

c. Tu perds ton temps. → . . . .

d. Elles descendent la piste noire. → . . . .

e. Elles émeuvent les juges. → . . . .

f. Il désigne le coupable. → . . . .

g. Ils dorment à la belle étoile. → . . . .

h. Elle disparaît derrière la porte. → . . . .

89 Complétez les phrases en utilisant le passé antérieur.

Exemples : Mon père (ne pas plutôt/quitter) la maison que je descendis quatre à quatre chez
Catherine.

→ Mon père n'*eut* pas plutôt *quitté* la maison que je descendis quatre à quatre
chez Catherine.

Je (ne pas plutôt/ arriver) chez Catherine qu'elle sauta dans mes bras.

→ Je ne *fus* pas plutôt *arrivé* chez Catherine qu'elle sauta dans mes bras.

a. La cloche (ne pas plutôt/sonner) que tous les élèves furent dehors.

→ . . . .

b. Jean (ne pas plutôt/rendre) l'âme que ses enfants s'étripèrent pour partager sa fortune.

→ . . . .

c. On (ne pas plutôt/ouvrir) les portes que les clients se ruèrent dans le magasin.

→ . . . .

d. Vous (ne pas plutôt/monter) que tout le monde vous emboîta le pas.

→ . . . .

e. Nous (ne pas plutôt/partir) que nos successeurs investirent les lieux.

→ . . . .

f. Les pompiers (ne pas plutôt/éteindre) l'incendie à Brignoles qu'un autre se déclara à Barjols.

→ . . . .

g. Les militaires (ne pas plutôt/sortir) du pays que la guerre civile éclata.

→ . . . .

h. Il (ne pas plutôt/acheter) sa nouvelle voiture qu'il se la fit voler.

→ . . . .

90 Remplacez le passé simple souligné par le passé antérieur.

Exemple : Quand les alliés <u>libérèrent</u> le pays, beaucoup s'improvisèrent « résistants de la première heure ».

→ Quand les alliés **eurent libéré** le pays, beaucoup s'improvisèrent « résistants de la première heure ».

a. Dès que je le <u>vis</u>, je tombai amoureuse de lui !

→ . . . .

b. Le commissaire Maigret arrêta Philippe Demesse quand il <u>descendit</u> du train.

→ . . . .

c. Son agence l'envoya passer un mois à Vienne quand elle <u>revint</u> de New York.

→ . . . .

d. Quand nous <u>terminâmes</u> le déjeuner, nous parlâmes déjà du dîner.

→ . . . .

e. Ils débouchèrent une bouteille de champagne quand ils <u>apprirent</u> la nouvelle.

→ . . . .

f. Dès qu'elle <u>sut</u> qu'elle était enceinte, elle téléphona à sa sœur.

→ . . . .

g. Quand il <u>finit</u> le premier volume, il commença le second.

→ . . . .

h. Vous achetâtes les billets d'avion quand vous <u>décidâtes</u> d'aller en Corée.

→ . . . .

91 Reconstituez les phrases suivantes.

a. Quand vous eûtes passé le pas de la porte,

1. elle reconnut son tortionnaire.

b. Après avoir salué le public, une fois que le rideau fut tombé,

2. qu'il y eut une coupure d'électricité.

c. Dès lors que nous eûmes économisé assez d'argent,

3. nous pûmes maîtriser le radeau.

d. À peine nous fûmes-nous mis au travail

4. Molière s'assit et perdit connaissance.

e. Aussitôt qu'elle l'eut vu, malgré les années passées,

5. j'éclatai de rire.

f. Quand j'eus compris que c'était de moi qu'on parlait,

6. nous achetâmes une voiture neuve.

g. Les naufragés firent de grands gestes dans sa direction

7. vous fûtes saisies d'angoisse.

h. Quand le courant se fut calmé,

8. aussitôt qu'ils eurent aperçu le navire.

92 Réécrivez les verbes suivants au passé surcomposé et terminez les phrases selon votre imagination en utilisant le passé composé.

Exemple : Quand j'eus pris ... → Quand j'*ai eu pris conscience du danger, je me suis mis à trembler.*

a. Lorsqu'elle eut compris ... → ....
b. Au moment où tu eus regardé ... → ....
c. Dès que nous eûmes constaté ... → ....
d. À l'instant où ils eurent attrapé ... → ....
e. Quand j'eus vu ... → ....
f. À partir du moment où on eut choisi ... → ....
g. À l'instant où tu eus ralenti ... → ....
h. Aussitôt qu'elles eurent décidé ... → ....

93 Écrivez les verbes entre parenthèses au passé surcomposé.

Exemple : Lorsqu'elle (décider) *a eu décidé* de se taire, elle n'a plus prononcé un seul mot de la journée.

a. Quand tu (connaître) .... tes résultats, tu m'as téléphoné.
b. Dès que j'(arrêter) .... de fumer, j'ai pris dix kilos.
c. Quand tu (prendre) .... ton billet pour l'Afrique, ton père et moi avons pensé que tu ne rentrerais jamais.
d. Dès lors que vous leur (rendre) .... l'argent qu'ils vous avaient avancé, ils ne vous ont plus importunés.
e. Ils se sont rués sur le réfrigérateur sitôt qu'ils (trouver) .... la cuisine.
f. Aussitôt que les informations (commencer) ...., ils ont fait taire tout le monde.
g. À peine (apprendre) .... (elle) que tu ne reviendrais plus qu'elle a téléphoné à une agence d'intérim.
h. À partir du moment où Gilberte (rencontrer) .... Valentin, elle a décidé d'aller vivre à la campagne.

94 Reconstituez les phrases suivantes.

a. Tu t'es mise en colère ————————
b. Quand Georges a eu beaucoup lu,
c. Dès que Jean-Paul et Mireille ont eu compris la vérité,
d. À partir du moment où tu as eu décidé de venir,
e. Dès lors que j'ai eu envie de revoir Barbara,
f. Lorsque vous avez eu tourné à gauche
g. À l'instant où nous avons eu changé d'avis,
h. Quand j'ai eu gagné au Loto,

1. personne n'a pu te faire changer d'avis.
2. je lui ai téléphoné tous les jours.
3. j'ai aussitôt arrêté de travailler.
4. ils sont allés tout dire à la police.
5. il a eu envie d'écrire.
6. Jérôme est devenu tout miel.
7. vous êtes tombés sur la place du marché.
8. quand je t'ai eu fait remarquer ton erreur.

95 Remplacez dans les phrases suivantes le passé surcomposé par le passé antérieur et le passé composé par le passé simple.

Exemple : Dès qu'il a eu vu *Citizen Kane*, il a su qu'il allait être réalisateur.
→ Dès qu'il **eut vu** *Citizen Kane*, il **sut** qu'il allait être réalisateur.

a. Elle est tombée foudroyée dès qu'elle a eu porté le verre à ses lèvres.
→ ....
b. Juste après que le prince l'a eu embrassée, elle s'est réveillée.
→ ....
c. Lorsqu' elle a eu ouvert les yeux, elle a pris conscience qu'elle était à l'hôpital.
→ ....
d. Nous l'avons laissé tomber aussitôt que nous avons eu compris qu'il mentait.
→ ....
e. Quand la raison l'a eu totalement quitté, il s'est mis à raconter les pires horreurs.
→ ....
f. Sitôt qu'elle a eu accepté ses conditions, il s'est montré plus calme.
→ ....
g. Aussitôt qu'ils ont eu voté pour lui, ils ont regretté leur geste.
→ ....
h. Nous nous sommes sentis mieux dès que nous avons eu appris que nous avions passé la frontière.
→ ....

96 Mettez dans chacune des phrases suivantes l'un des verbes entre parenthèses au passé antérieur et l'autre au passé simple.

Exemple : Lorsque vous lui (prêter) **eûtes prêté** la somme qu'il demandait, il vous **laissa** (laisser) en paix.

a. Dès qu'Agnès (repeindre) .... sa chambre, elle (inviter) .... plein d'amis chez elle.
b. Je (chercher) .... un autre appartement aussitôt que nous (prendre) .... la décision de nous séparer.

c. Ils (devenir) . . . . plus sympathiques dès lors qu'ils (admettre)
. . . . qu'ils exagéraient.

d. Juste après que je (rencontrer) . . . . Nathalie, nous (se marier)
. . . .

e. Sitôt qu'elle me (convaincre), ... elle me (faire) . . . . confiance.

f. Lorsqu'elles (comprendre) . . . . la raison de la visite du propriétaire, elles le
(mettre) . . . . à la porte.

g. Tu (rentrer) . . . . te coucher dès que tu (congratuler) . . . .
l'orateur.

h. Aussitôt que nous (fermer) . . . . la porte, il (se mettre) . . . . à
cogner de toutes ses forces.

D. LA CONCORDANCE DES TEMPS DANS LE DISCOURS RAPPORTÉ AU PASSÉ

97 Reconstituez les phrases suivantes.

a. Elle tenait à savoir

b. La Fontaine disait que

c. Marine m'assurait qu'actuellement

d. Philippe ne savait pas la semaine dernière

e. Les dernières statistiques affirmaient
qu'en France

f. Harpagon criait haut et fort

g. Julien prétendait

h. Quand il était enfant, on disait de Flaubert

1. la raison du plus fort était toujours la meilleure.

2. qu'il voulait épouser Sandrine.

3. qu'il était l'idiot de la famille.

4. l'espérance de vie était de 72 ans pour les hommes et de 81 ans pour les femmes.

5. à quelle heure arrivait mon train.

6. elle travaillait au moins soixante heures par semaine.

7. s'il prenait des vacances cette année.

8. qu'il fallait manger pour vivre et non pas vivre pour manger.

98 Rapportez au passé les propos suivants.

Exemple : « Le premier Ministre est sur un siège éjectable. »

→ Hier, Jean-Luc disait que le premier Ministre *était* sur un siège éjectable.

a. « J'ai raison. »

→ Hier, François disait que . . . .

b. « Le cinéma français est en perte de vitesse. »

→ *Le Monde* de vendredi révélait que . . . .

c. « Les gens mangent de moins en moins de viande. »

→ L'autre jour, mon boucher se plaignait de ce que . . . .

d. « Le gaz et l'électricité coûtent de plus en plus cher. »

→ Ma voisine constatait ce matin que . . . .

e. « Nous partons de plus en plus en vacances. »

→ La semaine passée, mes parents remarquaient que . . . .

f. « Il y a beaucoup de poussière chez moi. »

→ Madeleine disait tout à l'heure qu' . . . .

g. « On ne voit pas le temps passer. »

→ Jeanne Calment disait à la presse qu' . . . .

h. « On connaît depuis trente ans les dangers de l'amiante. »

→ Ce matin, ils annonçaient à la radio qu' . . . .

99 Écrivez au temps qui convient (imparfait ou plus-que-parfait) les verbes entre parenthèses.

Exemples : Dominique (prétendre) **prétendait** qu'elle avait chanté Norma à la Scala.

Nathan et Moïse juraient qu'ils (voir) **avaient vu** un fantôme dans l'église.

a. Anne et Benoît (admettre) . . . . qu'ils avaient mangé avant de venir.

b. Françoise (dire) . . . . qu'on ne s'était pas vu depuis trois ans.

c. Tu affirmais que ta mère (rentrer) . . . . chez elle depuis trois jours.

d. Tu (espérer) . . . . qu'elle avait pensé à arrêter le gaz avant de partir.

e. Vous constatiez que vous (gagner) . . . . moins d'argent cette année-là que l'année précédente.

f. Nous disions que vous (avoir) . . . . de la chance de trouver ce travail.

g. Sylvie et Émile (remarquer) . . . . que Nathalie avait changé ces derniers temps.

h. Le voleur prétendait qu'il (passer) . . . . la nuit devant la télévision.

100 Mettez au temps correct (passé composé ou plus-que-parfait) les verbes entre parenthèses.

Exemples : Jean-Luc (demander) **a demandé** à Marguerite si elle avait payé les impôts.

Yves a juré à sa femme qu'il (quitter) **avait quitté** le bureau à 22 heures.

a. Michèle a demandé où j' (trouver) . . . . ma paire de jumelles.

b. Un article de *L'Express* (affirmer) . . . . que le député avait détourné une grosse somme dans les années quatre-vingt.

c. Gertrude (dire) . . . . qu'elle (aménager) . . . . un atelier dans la grange.

d. Fanny (prétendre) . . . . que Charles (perdre) . . . . une grosse somme au casino.

e. Le médecin (constater) . . . . que nous (maigrir) . . . . lors de notre séjour en Inde.

f. Alexandre (dire) . . . . qu'ils (avoir) . . . . mauvais temps pendant la traversée.

g. Tous (remarquer) . . . . que vous (boire) . . . . trop de whisky ce soir-là.

h. Nous (croire) . . . . que nous (gagner) . . . . au Loto.

101 Transposez au discours rapporté au passé les propos suivants.

Exemple : « J'ai réussi ma vie. »

→ Mauricette constatait *qu'elle avait réussi sa vie*.

a. « J'ai travaillé toute la nuit. »

→ Vincent jurait ....

b. « On ne nous a pas laissé le temps de finir notre devoir. »

→ Les enfants disaient ....

c. « Ma mère m'a battu pendant des années. »

→ Lionel affirmait ....

d. « Nous n'avons tué personne ! »

→ Grégoire et Louis criaient ....

e. « Je suis parti trop en avance. »

→ Je constatais ....

f. « J'ai construit moi-même ma maison. »

→ Alice disait ....

g. « Tu as changé de moquette. »

→ Je remarquais ....

h. « Nous avons lu tout Balzac. »

→ Elles prétendaient ....

102 Transposez au discours rapporté au passé les propos suivants.

Exemple : J'ai trop mangé hier soir.

→ *J'ai reconnu que j'avais trop mangé hier.*

a. « J'ai pêché une truite de trois kilos la semaine dernière. »

→ Christian a dit ....

b. « Qu'avez-vous fait en Espagne ? ».

→ Les Delmas nous ont demandé ....

c. « Gustave n'a pas écrit à Bruno avant de partir. »

→ Isabelle m'a annoncé ....

d. « J'ai perdu ta montre en or depuis longtemps. »

→ Je lui ai avoué ....

e. « Nous sommes allés voir le film de Cedric Klapish jeudi dernier. »

→ Vous avez dit ....

f. « L'autre jour, j'ai rencontré Axel en faisant les courses. »

→ Tu as prétendu ....

g. « Émilie et Estelle ont eu un accident le mois dernier. »

→ Tu m'as appris ....

h. « Le vétérinaire a bien soigné mon chat. »

→ Vous m'avez assuré ....

103 Écrivez au temps qui convient (passé simple ou plus-que-parfait) les verbes entre parenthèses.

Exemples : Laurent pensa que Thomas (oublier) ***avait oublié*** le rendez-vous.

J'(avouer) ***avouai*** que j'avais passé la nuit chez mon frère.

a. Yannick (prétendre) . . . . qu'on lui avait dérobé son billet de train.

b. Murielle et Barnabé (dire) . . . . qu'ils (manger) . . . . des champignons vénéneux.

c. J'(affirmer) . . . . que personne ne m'(voir) . . . . entrer dans la banque.

d. Ils (reconnaître) . . . . qu'ils (dormir) . . . . pendant tout le spectacle.

e. Les paysans (se plaindre) . . . . qu'ils (avoir) . . . . une saison catastrophique.

f. Aude (confier) . . . . à Luce qu'elle (décider) . . . . de se marier.

g. Caroline (assurer) . . . . à ses parents qu'elle (réussir) . . . . tous ses examens.

h. Tu (murmurer) . . . . à l'oreille de Désiré que tu (préparer) . . . . une surprise pour la fête des mères.

104 Rédigez directement et au présent le discours du professeur.

Exemple : Mon professeur d'histoire me raconta que la favorite de l'empereur moghol des Indes mourut en 1631....

« La favorite de l'empereur moghol des Indes meurt en 1631 ... »

a. Mon professeur poursuivit en me disant que le souverain fit alors construire le mausolée Taj Mahal et que Taj Mahal (en français « Couronne du palais ») était l'un des noms de la malheureuse jeune femme.

. . . .

. . . .

. . . .

b. Mon professeur m'apprit également qu'au cours de sa vie le luthier Stradivarius créa plus de mille instruments.

. . . .

. . . .

c. Il me révéla aussi que le fleuve qui coulait à Paris était en réalité l'Yonne et non la Seine.

. . . .

. . . .

d. C'est lui qui m'enseigna également que le Roi-Soleil fit arrêter Fouquet en 1664 et que, par chance, il ne fit pas ordonner la destruction de Vaux-le-Vicomte, le somptueux château de l'ex-surintendant.

. . . .

. . . .

. . . .

e. Il me dit aussi bien d'autres choses : que Molière s'appelait de son vrai nom Jean-Baptiste Poquelin et que, après de nombreuses années passées sur les routes, il était monté à Paris pour s'y installer jusqu'à sa mort en 1673 ;

. . . .

. . . .

. . . .

f. que la colonnade du Louvre reflétait selon la volonté de Louis XIV, l'esprit classique français et que sa construction avait duré près de dix ans ;

. . . .

. . . .

. . . .

g. que la Compagnie française d'Afrique eut la charge de transporter deux mille esclaves par an aux Antilles à la fin du XVIIe siècle et que ce fut Louis XIII qui autorisa la traite des Noirs ;

. . . .

. . . .

. . . .

h. que l'orgueil de Louis XIV fut tel qu'il ne supportait pas de rival dans le moindre domaine.

. . . .

. . . .

Bilan

Mettez les verbes entre parenthèses au temps du passé qui convient.

J'(trouver toujours) . . . . (a) que les restaurants parisiens (être) . . . . (b) très chers. Un jour, alors que je (se promener) . . . . (c) sur les bords de Seine, j'(être pris) . . . . (d) soudain d'une faim violente. À cette époque, je (manger) . . . . (e) tout le temps, rien ne (pouvoir) . . . . (f) satisfaire mon appétit. « Ton père (être) . . . . (g) comme toi », me (dire) . . . . (h) un jour ma mère, « les gens (croire) . . . . (i) que c' (être) . . . . (j) un homme de cœur alors qu'il ne (être) . . . . (k) qu'un homme de ventre ! »

Bref, comme je ne (voir) . . . . (l) aucun « fast food » à l'horizon, je (entrer) . . . . (m) dans le premier restaurant venu. Il (avoir) . . . . (n) assez belle allure et le portier m'(accueillir) . . . . (o) très aimablement. Il (s'appeler) . . . . (p) la « Tour d'Argent » – le restaurant, pas le portier dont je ne (connaître) . . . . (q) jamais le nom –.

J'(entendre) . . . . (r) dire qu'en France il ne (falloir) . . . . (s) jamais parler d'argent, que c'(être) . . . . (t) très impoli. J'(retenir) . . . . (u) cette leçon et c'est pourquoi, quand le maître d'hôtel me (tendre) . . . . (v) la carte, je (ne rien dire) . . . . (w) quant aux prix.

Depuis, je (faire) . . . . (x) de gros progrès en français. Il faut dire que je travaille à Paris, à la « Tour d'Argent », pour rembourser le repas que j'y (prendre) . . . . (y) il y a sept ans.

V. LES PRONOMS PERSONNELS COMPLÉMENTS

Qui est le dernier, le loup le mange.

A. EMPLOIS ET PLACE DES PRONOMS

106 Répondez aux questions suivantes en remplaçant les mots soulignés par des pronoms.
Exemple : Ton père te prête <u>sa voiture</u> ? → Oui, il me **la** prête parfois.

a. Tu lui demandes <u>des conseils</u> ? → . . . .

b. Il te donne <u>la solution de tes problèmes</u> ? → . . . .

c. Vous en informez <u>M. Lenoir</u> ? → . . . .

d. Elle le dit <u>à ses parents</u> ? → . . . .

e. Tu leur expédies <u>leur courrier</u> ? → . . . .

f. Nous leur envoyons <u>une invitation</u> ? → . . . .

g. Vous nous communiquerez <u>vos coordonnées</u> ? → . . . .

h. Je vous emprunterai <u>de l'argent</u> ? → . . . .

107 Insérez le pronom entre parenthèses dans la phrase puis remplacez le nom par un pronom.
Exemple : J'abonnerai à ce journal. (toi)
→ Je **t'**abonnerai à ce journal./→ Je **t'y** abonnerai.

a. On envoie aux États-Unis. (moi)
→ . . . .

b. Je donnerai bientôt des nouvelles. (à toi)
→ . . . .

c. Louis accompagnera au zoo dimanche. (toi)
→ . . . .

d. Ils demandent le chemin le plus court. (à moi)
→ . . . .

e. Tu déposes au coin de la rue. (moi)
→ . . . .

f. Je prête mes patins à roulettes. (à toi)
→ . . . .

g. Elle accordera ce rendez-vous. (à moi)
→ . . . .

h. Vous inviterez au restaurant demain soir ? (moi)
→ . . . .

108 Retrouvez ce que le pronom en gras remplace.

Exemple :   Tu *les* lui a remises ?

            1. ☐ les timbres   2. ☒ les lettres   3. ☐ aux facteurs

a. Je vous **y** retrouverai à midi.
1. ☐ le café   2. ☐ dans cette brasserie   3. ☐ les amis

b. Patrick m'**en** a offert.
1. ☐ un fruit   2. ☐ le gâteau   3. ☐ du Coca

c. Je ne le **lui** dirai pas.
1. ☐ bonjour   2. ☐ à Marion   3. ☐ aux Dufaux

d. On ne **les** y verra pas.
1. ☐ à Biarritz   2. ☐ en vacances   3. ☐ nos amis

e. Tu **la** leur laisses ?
1. ☐ ta télévision   2. ☐ aux voisins   3. ☐ à la propriétaire

f. Vous le **leur** demanderez.
1. ☐ à vos parents   2. ☐ à votre père   3. ☐ son vélo

g. Ils l'**en** sortiront.
1. ☐ de pension   2. ☐ au cinéma   3. ☐ leur fils

h. Je **la** leur rendrai prochainement.
1. ☐ à Michel et Suzon   2. ☐ à Marie   3. ☐ la clé

109 Insérez les pronoms entre parenthèses dans les phrases suivantes puis imaginez ce que les pronoms remplacent.

Exemple :   Je parlerai demain. (en/vous)

         →*Je vous en parlerai.*

         →*Je vous parlerai demain de mes projets.*

a. Il a distribué hier soir. (leur/le)

→ ....

→ ....

b. Elle portera ce soir. (les/nous)

→ ....

→ ....

c. Tu rends immédiatement. (lui/les)

→ ....

→ ....

d. Je ne rangeais pas. (les/y)

→ ....

→ ....

e. Tu as refusé ? (leur/en)

→ ....

→ ....

f. On a déjà interdit. (me/le)

→ . . . .

→ . . . .

g. Je montrerai bientôt. (les/te)

→ . . . .

→ . . . .

h. Elle demande souvent. (la/vous)

→ . . . .

→ . . . .

110 Associez questions et réponses.

C'est toi qui as emprunté ...

a. les outils à Véronique ?
b. le pinceau à ta mère ?
c. un tournevis à tes parents ?
d. des pinces au plombier ?
e. mon marteau ?
f. notre valise à outils ?
g. une paire de ciseaux à la concierge ?
h. un rabot au menuisier ?

Oui, c'est moi qui ...

1. leur en ai emprunté un.
2. vous l'ai empruntée.
3. les lui ai empruntés.
4. te l'ai emprunté.
5. lui en ai emprunté un.
6. le lui ai emprunté.
7. lui en ai emprunté une.
8. lui en ai emprunté.

111 Observez les participes passés et faites les accords si nécessaire.

Exemple : Ses papiers, il les aura perdu**s** dans le métro.

a. Ce matin, la secrétaire, je l'ai senti . . . fatiguée.
b. Ses enfants, elle ne le° a pas vu . . . grandir.
c. La conférencière, vous ne l'avez pas écouté . . . parler.
d. La voiture, tu ne l'a pas senti . . . vibrer ?
e. Ces sonates, nous les avons écouté . . . mille fois.
f. La voisine, je ne l'ai pas entendu . . . rentrer.
g. Ces photos, je les ai déjà vu . . . , tu me les a montré . . . hier !
h. La sirène de midi, tu ne l'as pas entendu . . . ?

112 Choisissez ce que le pronom remplace. Attention à la terminaison des participes passés (parfois plusieurs possibilités).

Exemples : Elle se **les** est déjà achetées.
   1. ☐ des chaussures   2. ☐ les gants en daim   3. ☒ ces boucles d'oreilles
   Nous nous **les** sommes fait voler.
   1. ☒ les valises   2. ☐ des sacs   3. ☒ nos sacs

a. Il a commencé à **la** leur enseigner.
1. ☐ à ses neveux   2. ☐ à Philippe   3. ☐ l'astronomie

54

b.   On ne vous **les** aurait pas rendues ?

1. ☐ des outils   2. ☐ vos archives   3. ☐ votre tournevis

c.   Il **les** aura regardés partir.

1. ☐ ses amis   2. ☐ leur fils   3. ☐ leurs filles

d.   Je **les** ai sentis perdre leur sang-froid.

1. ☐ Michel et Frédérique   2. ☐ Daniel   3. ☐ ton copain

e.   Il nous **l'**a très bien installée.

1. ☐ le lave-vaisselle   2. ☐ le micro-ondes   3. ☐ la cuisinière

f.   On **l'**a regardé danser une partie de la soirée.

1. ☐ des couples   2. ☐ cette jeune femme   3. ☐ un Américain

g.   Elle ne **les** a plus jamais retrouvées.

1. ☐ des cartes postales   2. ☐ des amis d'enfance   3. ☐ ses collègues

h.   Je suis heureuse que tu me **l'**aies fait rencontrer.

1. ☐ M. Aubois   2. ☐ Virginie et Christophe   3. ☐ Serge

113   **Imaginez ce qui s'est passé en précisant la situation.**

Exemple :   « Je vous l'ai rapportée. »

→ ***Madeleine dit à la bibliothécaire qu'elle lui a rapporté la biographie d'Alfred de Musset.***

a.   « Je vous en prêterai un la prochaine fois. »

→   Alain assure qu' . . . .

b.   « Je les lui ai rendues. »

→   Monique explique qu' . . . .

c.   « Je ne les leur ai pas racontées. »

→   . . . .

d.   « Je les lui ai déjà montrés. »

→   . . . .

e.   « Tu leur en as offert ? »

→   . . . .

f.   « Je ne les lui ai pas prêtées. »

→   . . . .

g.   « Il ne m'en a pas proposé. »

→   . . . .

h.   « Je vous en parlerai plus en détail demain soir. »

→   . . . .

114 Répondez aux questions suivantes en remplaçant les compléments par des pronoms. Attention aux participes passés.

Exemple : Elles se sont échangé leurs vêtements ? → Oui, elles se *les* sont échangé**s**.

a. Tu t'es fait couper les cheveux ? → . . . .

b. Il s'est accordé la semaine pour réfléchir ? → . . . .

c. Elle s'est soigné les pieds ? → . . . .

d. Vous vous êtes acheté cette veste ? → . . . .

e. Il s'est rasé la barbe ? → . . . .

f. Elles se sont prêté leurs disques ? → . . . .

g. Ils se sont offert cette belle villa ? → . . . .

h. Tu t'es cassé l'épaule ? → . . . .

115 Remplacez les compléments par des pronoms.

Exemple : Donnez-moi du chocolat. → Donnez-*m'en*.

a. Occupez-vous de vos bagages. → . . . .

b. Adressez-nous votre lettre. → . . . .

c. Faites-moi part de votre décision. → . . . .

d. Rendez-nous notre monnaie. → . . . .

e. Construisez-vous votre propre maison. → . . . .

f. Apporte-moi des fleurs. → . . . .

g. Donne-leur ton numéro de téléphone. → . . . .

h. Prends-toi des vêtements chauds. → . . . .

116 Commentez la situation dans laquelle ces phrases ont pu être dites.

Exemples : « Ne me la réduisez pas trop ! »

→ *Patricia demande au bijoutier de ne pas trop lui réduire sa bague.*

« Ne la lui portez pas, il a mauvaise réputation. »

→ *Christine conseille à ses cousines de ne pas amener leur chienne à ce vétérinaire.*

a. « Ne me la donnez pas. Je pense que je connais la réponse. »

Sophie demande à son professeur de . . . .

b. « Rendez-la-leur. Elles en ont besoin. »

Catherine demande . . . .

c. « Achetez-leur-en quelques-uns. Ils adorent ça. »

Mme Longlet demande . . . .

d. « Prête-les-lui ! »

→ . . . .

e. « Ne m'en rapportez pas. J'en ai déjà un. »

→ . . . .

f. « Donnez-m'en un kilo, de bien mûres. »

→ . . . .

g. « Envoie-le-moi avant samedi. »

→ . . . .

h. « Ne les leur montrez pas, ça leur ferait envie. »

→ . . . .

117 Écrivez l'ordre inverse.

Exemples : Faites-lui-en. → ***Ne lui en faites pas.***

Ne me l'achète pas. → ***Achète-la-moi.***

a. Donnez-leur-en. → . . . .

b. Ne la leur chantez pas. → . . . .

c. Ne les lui prêtez pas. → . . . .

d. Demande-lui-en quelques-uns. → . . . .

e. Ne la leur lisons pas. → . . . .

f. Rends-m'en une. → . . . .

g. Gardez-vous-en pour le voyage. → . . . .

h. Ne lui en envoyons pas. → . . . .

118 Reprenez les phrases données à l'exercice précédent et développez la situation.

Exemples : Faites-lui-en. → ***Faites des crêpes à Laurent, il adore ça !***

Ne me l'achète pas. → ***Ne m'achète pas cette robe, je ne la trouve pas jolie.***

a. . . . .

b. . . . .

c. . . . .

d. . . . .

e. . . . .

f. . . . .

g. . . . .

h. . . . .

119 Répondez aux questions suivantes en remplaçant le complément par un pronom.

Exemple : Il a su faire cet exercice ?

→ Oui, il a su *le* faire.

a. Vous avez réussi à donner la bonne réponse ?

Non, ...

b. Ils ont dû quitter leur appartement ?

Oui, ...

c. Vous avez décidé de prendre le train ?

Oui, ...

d. Êtes-vous allés voir ce film ?

Non, ...

e. Marion a-t-elle accepté de partir en Turquie ?

Oui, ...

f. Les enfants ont-ils pu emprunter ces dictionnaires ?

Non, ...

g. Tu as préféré passer le week-end chez toi ?

Oui, ...

h. Elle a aimé faire ce stage de tennis ?

Non, ...

120 **Faites des phrases sur le modèle donné. Attention à la place des pronoms.**

Exemple : On regarde décoller les avions.

→ ***On les regarde décoller.***

a. Elle ne voit pas le temps passer.

→ . . . .

b. Tu fais travailler les enfants ?

→ . . . .

c. Il a laissé échapper le chien.

→ . . . .

d. Avez-vous entendu sonner la cloche ?

→ . . . .

e. Le policier a vu la voiture doubler.

→ . . . .

f. Dans la forêt, nous avons écouté chanter les oiseaux.

→ . . . .

g. Tu as fait laver la voiture ?

→ . . . .

h. Il a senti le sol trembler.

→ . . . .

121 **Remettez ces mots dans l'ordre pour en faire des phrases.**

Exemple : de/inviter/a/les/demain/elle/décidé/soir

→ ***Elle a décidé de les inviter demain soir.***

a. leur/à/Michel/jouer/a/aux/appris/échecs.

→ . . . .

b. nous/en/venir/urgence/ils/fait/ont/y

→ . . . .

c. les/vus/poste/tu/la/entrer/as/dans ?

→ . . . .

d. m'/de/faire/ils/interdit/le/ont

→ . . . .

e. le/préféré/leur/avez/dire/vous ?

→ . . . .

f. piste/l'/regardé/ils/la/descendre/ont

→ . . . .

g. leur/appris/elle/en/a/faire/à

→ . . . .

h. nous/a/fait/hier/les/il/écouter

→ . . . .

122 Une fois les phrases de l'exercice précédent remises dans l'ordre, réécrivez-les en imaginant ce que les pronoms remplacent.

Exemple : Elle a décidé de les inviter demain soir.

→ Elle a décidé d'inviter ***ses parents*** demain soir.

a. . . . .

b. . . . .

c. . . . .

d. . . . .

e. . . . .

f. . . . .

g. . . . .

h. . . . .

B. LES PRONOMS NEUTRES *LE*, *EN* ET *Y*

123 Réécrivez ces phrases en employant le pronom neutre *le.*

Exemple : Il m'a expliqué pourquoi il fallait que je vienne.

→ Il me ***l'***a expliqué.

a. Mon patron m'a imposé de partir en province.

→ . . . .

b. Je me demande s'il y aura de la place dans le TGV

→ . . . .

c. Je ne sais pas à quelle heure est le prochain départ.

→ . . . .

d. L'employé m'a indiqué que le train partait à 18 h 12.

→ . . . .

e. Il m'a dit que ce train était direct.

→ . . . .

f. Je ne sais pas comment je pourrai transporter tous mes bagages.

→ . . . .

g. Un voyageur m'a proposé de m'aider.

→ . . . .

h. Je lui ai montré jusqu'où je devais marcher avec mes sacs.

→ . . . .

124 **Trouvez la bonne réponse.**

Exemple : Il pense à la misère dans le monde ? → Il (le/y/en) pense souvent.

a. Ils parlent du dernier film de Tavernier ? → Oui, ils (le/y/en) parlent dans ce numéro spécial.

b. Croyez-vous en l'avenir de l'écologie ? → Oui, nous (le/y/en) croyons dur comme fer.

c. Ta mère ne s'inquiète pas de tes résultats ? → Si, elle s' (le/y/en) inquiète un peu.

d. Vous nous conseillez ce film ? → Non, on vous (le/y/en) déconseille ; il est mauvais.

e. Votre femme vous pousse à ce changement ? → Oui, elle me (le/y/en) pousse.

f. Vous me permettez cet écart par rapport à mon régime ? → Non, je ne vous (le/y/en) permets pas.

g. Tu as pris conscience de son attitude ? → Bien sûr que je (le/y/en) ai pris conscience !

h. Elle ne se souvient plus de ce petit hôtel ? → Mais si, elle se (le/y/en) souvient parfaitement.

125 **Indiquez comme dans les exemples la construction de ces verbes, puis remplacez ces phrases complétives par les pronoms** *le, en* **ou** *y*.

Exemples : Il demande à sa sœur de lui téléphoner en arrivant. *(demander quelque chose)*
   → Il *le* demande à sa sœur.
   Elle invite ses collègues à aller déjeuner. *(inviter à faire quelque chose)*
   → Elle *y* invite ses collègues.

a. Je vous permets de sortir jusqu'à minuit. (. . . . .)
→ . . . .

b. On nous informe que la ligne C est momentanément interrompue. (. . . . .
→ . . . .

c. Elle m'assure qu'il vaut mieux réserver une table. (. . . . .
→ . . . .

d. Il s'est décidé à reprendre son doctorat. (. . . . .
→ . . . .

e. Je vous encourage à passer une semaine aux Seychelles. (. . . . .
→ . . . .

f. Marie refuse catégoriquement de prendre l'avion. (. . . . .
→ . . . .

g. Véronique veut nous convaincre de passer le bac. (. . . . .
→ . . . .

h. Jacques s'est mis à étudier le japonais l'année dernière. (. . . . .
→ . . . .

126 **Répondez aux questions suivantes en remplaçant les expressions soulignées par un nom puis par le pronom** *le, en* **ou** *y*.

Exemple : On vous interdit <u>de fumer dans la classe ?</u> *(la cigarette)*
   → Oui, on nous *l'*interdit.

a. Vous vous occupez <u>de faire les courses ?</u> (. . . . .)
→ . . . .

b. Elle vous recommande <u>de louer un appartement meublé ?</u> (. . . . .)
→ . . . .

c. Tes parents t'incitent <u>à poursuivre tes études de droit ?</u> (. . . . .)

→ . . . .

d. Elle a pris le parti <u>de s'installer à l'étranger ?</u> (. . . . .)

→ . . . .

e. Vous m'autorisez <u>à m'absenter lundi matin ?</u> (. . . . .)

→ . . . .

f. Tu t'es décidé <u>à t'inscrire à un cours de gymnastique ?</u> (. . . . .)

→ . . . .

g. Le médecin te conseille <u>de suivre un régime ?</u> (. . . . .)

→ . . . .

h. Vous engagez-vous <u>à changer de voiture ?</u> (. . . . .)

→ . . . .

127 Complétez les phrases suivantes par le pronom *le, en* ou *y*.

Exemple : Passer la nuit ici, je vous **en** dissuade.

Passer la nuit ici, je vous

a. . . . . conseille.

b. . . . . encourage.

c. . . . . ai convaincu.

d. . . . . autorise.

Partir plus tôt, il nous

e. . . . . suggère.

f. . . . . invite.

g. . . . . recommande.

h. . . . . parle.

128 Réécrivez ces phrases en utilisant des formules d'insistance.

Exemples : Je te demande de me prêter ton ordinateur.

→ Prête-moi ton ordinateur, je te **le** demande.

Invitez Martine à partir avec vous.

→ Pars avec nous, on t'**y** invite.

a. Autorise Julien à sortir avec ses amis.

→ Sors avec tes amis, ...

b. Je vous propose de partager ce taxi.

→ Partageons ce . . . .

c. Réfléchissez à ce que vous allez devenir !

→ Qu'allez-vous devenir, ...

d. Je vous explique qu'il n'y a pas d'autre solution.

→ Il n'y a pas d'autre solution, ...

e. Je te supplie de venir vite.

→ . . . .

f. Prends la décision de changer d'attitude.

→ . . . .

g. Je vous promets de vous envoyer une carte de Tahiti.

→ ....

h. Pensez à faire construire votre maison.

→ ....

129 **Imaginez les questions correspondant aux réponses proposées.**

Exemples : Oui, il s'y prépare. (partir)

→ ***Joseph se prépare à partir ?***

Oui, elle en a pris la décision. (arrêter de fumer)

→ ***Alice a pris la décision d'arrêter de fumer ?***

a. Oui, nous nous y engageons. (rembourser nos dettes)

→ ....

b. Oui, je m'y efforce. (lire un journal étranger)

→ ....

c. Non, tu ne t'en occupes pas. (chercher un studio)

→ ....

d. Oui, elle l'a décidé. (apprendre à conduire)

→ ....

e. Non, nous ne te l'interdisons pas. (aller au cinéma)

→ ....

f. Oui, elle s'y est mise. (suivre des cours d'informatique)

→ ....

g. Oui, je m'en moque. (ne pas voir ce film)

→ ....

h. Non, nous ne l'envisageons pas. (partir en province)

→ ....

130 **Soulignez les locutions verbales. Retrouvez ce que les pronoms remplacent.**

Exemple : Il ne sait pas nager mais <u>il s'**en**</u> moque.

→ (**en** = de ne pas savoir nager.)

a. Catherine est furieuse de ne pas avoir obtenu cette place mais elle n'**y** peut rien.

→ ....

b. Tu n'es pas venu à notre rendez-vous et je t'**en** veux terriblement.

→ ....

c. Vous avez perdu vos clés mais ce n'est pas la peine de vous **en** prendre à moi.

→ ....

d. Ne fais pas comme ça, tu t'**y** prends mal !

→ ....

e. J'ai perdu le contrôle de la voiture mais je me suis arrêté sur le bas-côté. On l'a échappé belle

→ ....

f. N'entrons pas dans les détails. Nous nous **en** tiendrons aux grandes lignes.

→ . . . .

g. Son bateau, il m'**en** a fait un tableau très exagéré.

→ . . . .

h. Christine n'aimait pas beaucoup la vie au Canada mais elle s'**y** est faite.

→ . . . .

C. LES CONSTRUCTIONS INDIRECTES AVEC À ET DE

131 **Dans cette liste de verbes, soulignez ceux qui peuvent se construire avec** *à lui/à elle(s)/à eux* **pour remplacer une personne.**

Envoyer - s'adresser - consacrer - adresser - téléphoner - tenir - écrire - résister - se consacrer - désobéir - recourir - répondre - demander - échapper - songer - s'intéresser - se mêler - apporter - offrir - se présenter - parler - dire - se confier - s'adapter - se joindre - se plaindre - apprendre - enseigner - renoncer.

132 **Complétez les phrases suivantes par** *y* **ou** *à lui/à elle.*

Exemples : Les personnes âgées, tu penses souvent **à elles** ?

La retraite, on **y** pense tous un jour.

a. Cet homme ne me plaît pas ; ne te fie pas . . . . . .

b. Pour les réclamations, il y a un service spécial. Vous pouvez vous . . . . . . adresser.

c. Les prochaines vacances, elle . . . . . . songe déjà.

d. Les prévisions météo, on ne peut pas s'. . . . . . fier. Il y a souvent des erreurs.

e. La biologie, vous vous . . . . . . intéressez ?

f. Elle adore sa mère et elle songe . . . . . . en regrettant de ne pas l'avoir mieux comprise.

g. Le maire est un homme compréhensif ; adressez-vous . . . . . .

h. Je viens de découvrir l'œuvre de Boris Vian. Je m'intéresse beaucoup . . . . . . , pas toi ?

133 **Répondez aux questions suivantes en utilisant** *lui, leur* **ou** *à lui/à elle(s)/à eux.*

Exemple : Vous allez offrir ce bouquet à Mme Vincent ? → Oui, je vais le **lui** offrir.

a. À qui penses-tu, à Nicolas ? → . . . .

b. Tu n'envoies pas de carte à tes sœurs ? → . . . .

c. Vous vous intéressez à Jules Ferry ? → . . . .

d. On pourrait téléphoner à Michèle, tu ne crois pas ? → . . . .

e. Avez-vous posé des questions aux voisins ? → . . . .

f. Est-elle très attachée à Laurent ? → . . . .

g. Ils se sont consacrés aux enfants malades ? → . . . .

h. Avez-vous remis les billets aux voyageurs ? → . . . .

134 Lisez ces réponses et rayez ce qui ne convient pas.

Exemple : Elle s'est adressée à M. Guillot ? → Oui, elle se (lui/y) est adressée (*à lui*).

a. Vous tenez à votre poste ? → Non, je ne (lui/y) tiens pas (à lui).

b. As-tu demandé à Georges ? → Non, je ne (lui/y) ai pas demandé (à lui).

c. Avez-vous fait attention aux bagages ? → Oui, nous (leur/y) avons fait attention (à eux).

d. Avez-vous versé un acompte à la vendeuse ? → Non, je ne (lui/y) ai rien versé (à elle).

e. Elle se plaindra à la directrice ? → Oui, elle se (lui/y) plaindra (à elle).

f. Tu rapporteras ce sac à Solange ? → Oui, je le (lui/y) rapporterai demain matin (à elle).

g. Vous faites confiance à vos enfants ? → Oui, nous (leur/y) faisons confiance (à eux).

h. Elle s'est mêlée aux actrices ? → Non, elle ne se (leur/y) est pas mêlée (à elles).

135 Répondez aux questions suivantes en utilisant *le, la, lui, leur, y, à lui, à elle, à eux* ou *à elles*.

Exemple : Tu as bien fait attention à Martin ?
→ Oui, *j'ai fait très attention à lui.*

a. Vous enseignez le français aux étrangers ?
→ Oui, ...

b. A-t-elle envoyé son chèque au plombier ?
→ Non, ...

c. Vous ai-je présentée au directeur commercial ?
→ Non, ...

d. Votre fils se consacre entièrement à ses études ?
→ Oui, ...

e. T'es-tu bien adapté à ta nouvelle collègue ?
→ Oui, ...

f. À qui avez-vous eu affaire ? À Caroline et Mireille ?
→ Non, ...

g. Crois-tu à la vie éternelle ?
→ Oui, ...

h. Ont-ils indiqué la route à Brigitte et Philippe ?
→ Oui, ...

136 Dans la liste suivante, soulignez les verbes qui peuvent se construire avec *de lui, d'elle(s), d'eux* pour remplacer un nom de personne.

Attendre - vendre - mettre - parler - croire - se plaindre - penser - confier - se moquer - se souvenir -
se soucier - s'adapter - s'occuper - se méfier - se détourner - assurer - passer - se passer.

137 Cochez la bonne réponse.

Exemple : Ils sont fiers de votre réussite ?

1. Oui, ils en sont fiers. (X) 2. Oui, ils sont fiers d'elle ( ).

a. Le gouvernement s'occupe des sans-logis ?
1. Non, il ne s'en occupe pas beaucoup. ( ) 2. Non, il ne s'occupe pas beaucoup d'eux. ( )

b. Les contribuables s'inquiètent du déficit de la Sécurité sociale ?
1. Oui, ils s'en inquiètent. ( ) 2. Oui, ils s'inquiètent de lui. ( )

c. Vous méfiez-vous des lois sur l'endettement des ménages ?
1. Oui, on s'en méfie. ( ) 2. Oui, on se méfie d'elles. ( )

d. Vous vous détournez de la politique ?
1. Oui, je m'en détourne. ( ) 2. Oui, je me détourne d'elle. ( )

e. Les Français se lassent-ils des promesses ?
1. Oui, ils s'en lassent. ( ) 2. Oui, ils se lassent d'elles. ( )

f. Ils plaisantent de la situation économique actuelle ?
1. Non, ils n'en plaisantent pas. ( ) 2. Non, ils ne plaisantent pas d'elle. ( )

g. Ils conservent un bon souvenir du président Mitterrand ?
1. Certains n'en conservent pas un bon souvenir. ( ) 2. Certains ne conservent pas un bon souvenir de lui. ( )

h. Les Français rêvent d'une politique plus juste ?
1. Oui, ils en rêvent. ( ) 2. Oui, ils rêvent d'elle. ( )

138 Répondez aux questions suivantes en utilisant *en* ou *de lui, d'elle(s), d'eux.*

Exemples : Tu as besoin de ta calculette ?

→ Non, je n'**en** ai pas besoin.

A-t-elle peur de ses professeurs ?

→ Oui, elle a peur **d'eux**.

a. Myriam s'est débarrassée de ce client insatisfait ?
→ Oui, ...

b. T'es-tu assuré du bon état de tes freins ?
→ Non, ...

c. Vous vous souvenez de Mme Gagnard ?
→ Non, ...

d. Tu es consciente de tes progrès ?
→ Oui, ...

e. C'est Virginie qui s'occupe de ce dossier ?
→ Oui, ...

f. Sandrine se charge des courses pour lundi prochain ?
→ Non, ...

g. Les jeunes se moquent-ils de la politique ?

→ Non, ...

h. Êtes-vous satisfaits de vos étudiants ?

→ Oui, ...

139 **Posez des questions correspondant aux réponses données.**

Exemple : Oui, elle s'en est plainte.

→ *La concierge s'est plainte du bruit hier soir ?*

a. Oui, on s'y adapte petit à petit.

→ . . . .

b. Non, ils n'arrêtent pas de se moquer d'eux.

→ . . . .

c. Oui, elle y tient comme à la prunelle de ses yeux.

→ . . . .

d. Oui, je m'en réjouis.

→ . . . .

e. Oui, elle vous en félicite.

→ . . . .

f. Oui, on se méfie un peu d'elles.

→ . . . .

g. Oui, prenez-y garde !

→ . . . .

h. Oui, il m'a présentée à lui.

→ . . . .

Bilan

140 Complétez les réponses de ce dialogue en remplaçant les noms par des pronoms et en mettant les verbes à la forme convenable.

— Allô, bonjour madame, pourrais-je parler à Charlotte ?

— Ne quittez pas, je . . . . (a) (passer).

— Charlotte, c'est Nicolas. Tu es allée au lycée cet après-midi ?

— Évidemment que j' . . . . (b) (aller). Pourquoi ?

— Tu . . . . (c) (pouvoir dire) ce que vous avez fait en français et en histoire ?

— En français, on a étudié un poème de Baudelaire, Spleen, tu connais ?

— Ah oui, je crois que je . . . . (d) (déjà lire). Le prof vous a parlé de Baudelaire ?

— Oui, elle nous . . . . (e) (parler), de sa vie et de son œuvre. Pour le prochain cours, on doit faire une recherche sur . . . . (f)

— Tu veux dire qu'on . . . . (g) (pouvoir faire) en bibliothèque ?

— C'est ça. Et en histoire, on a commencé à étudier la Commune. Tu n'as qu'à regarder dans ton livre.

— Cette période, je . . . . (h) (connaître) bien ; je . . . . (i) (avoir déjà étudié) l'an dernier. J'imagine que tu as pris des notes ; tu . . . . (j) (pouvoir passer) pour que je . . . . (k) (recopier) ?

— Écoute, demande . . . . (l) plutôt à Antoine, les miennes sont illisibles.

— D'accord, je vais . . . . (m) demander mais je n'aime pas . . . . (n) avoir affaire ; il fait toujours des histoires.

— Alors demande à Pauline, tu peux compter sur . . . . (o) Ce qu'elle fait, elle . . . . (p) fait toujours très bien !

— Bonne idée, merci et à demain.

VI. LES PRONOMS RELATIFS

Il n'y a que la vérité qui blesse.

A. QUI, QUE, DONT, OÙ, CE DONT ET QUOI

 Écrivez deux phrases à partir de chacune des phrases suivantes sans employer les pronoms soulignés.

Exemples : Catherine a trouvé un garçon <u>qui lui</u> correspond parfaitement.

→ **Catherine a trouvé un garçon. Ce garçon correspond parfaitement à Catherine.**

Jeanne et René ont photographié les dégâts <u>que</u> vous <u>leur</u> avez signalés.

→ **Jeanne et René ont photographié des dégâts. Vous avez signalé ces dégâts à Jeanne et René.**

a. J'ai rendu à tes enfants les jouets <u>qui leur</u> appartiennent.

→ . . . .

b. Ces gens ont une attitude déplaisante <u>qui leur</u> attire les pires ennuis.

→ . . . .

c. Cyril a rencontré le chauffard <u>qui lui</u> a enfoncé la voiture.

→ . . . .

d. Philippe a un diplôme <u>qui</u> ne <u>lui</u> permet pas de trouver facilement du travail.

→ . . . .

e. Hélène a revu la dame <u>que</u> tu <u>lui</u> as présentée hier.

→ . . . .

f. Mes cousins évoquent les punitions <u>qu'on</u> <u>leur</u> infligeait quand ils étaient petits.

→ . . . .

g. Les chiens se ruent sur la pâtée <u>qu'on</u> vient de <u>leur</u> servir.

→ . . . .

h. Stéphanie s'est décidée à suivre les conseils <u>que</u> tu <u>lui</u> as donnés.

→ . . . .

142 Écrivez les phrases suivantes.

a. La philosophie et l'histoire sont des disciplines
b. Chacun est libre de choisir le programme
c. Clémentine a trouvé le magasin
d. Décidément, je n'aime pas les disques
e. Proust et Céline sont les auteurs français
f. Nous n'avons pas encore visité le musée
g. J'ai recollé le vase
h. J'ai fait tout le magasin sans trouver l'article

1. que je cherchais.
2. qu'a inauguré le ministre.
3. qui lui plaît.
4. que ton fils avait cassé.
5. que chaque étudiant devrait étudier.
6. qui distribue ces produits au meilleur prix.
7. que tu as rapportés d'Angleterre.
8. qui passent pour les plus importants du XXe siècle.

143 Écrivez une seule phrase à partir des deux phrases proposées.

Exemple : Le *Scribe accroupi* est une pièce d'archéologie. J'ai, chez moi, une copie du *Scribe accroupi*.

→ **Le « Scribe accroupi » est une pièce d'archéologie dont j'ai une copie chez moi.**

a. Ma sœur a récupéré trois chaises. Personne n'en voulait.
→ ....

b. Les clients que Claudine m'a envoyés sont de mauvais payeurs. Je me serais bien passé d'eux.
→ ....

c. Romane n'a pas rencontré le professeur. Je lui avais dit tant de bien de lui.
→ ....

d. La monnaie européenne est l'un des sujets ; on en discute actuellement.
→ ....

e. Le cassoulet est un plat. Michel raffole du cassoulet.
→ ....

f. J'ai vu le ballet. Le journal en fait la critique. Il est nul !
→ ....

g. Quand je suis au travail l'ordinateur est un outil. Je m'en sers constamment.
→ ....

h. Nous avons passé nos vacances dans la maison. Eugène en a hérité.
→ ....

144 Reconstituez les phrases suivantes en utilisant *dont* (plusieurs possibilités).

a. J'ai vendu tout le mobilier

b. Romain a montré à son père ses dessins

c. Ils ont dîné dans le restaurant ⟶ **dont**

d. J'ai informé Alice des accusations

e. Nous n'avons pas trouvé le village

f. Je te déconseille de prendre la valise

g. On vous a donné la brochure

h. Léonard a été impressionné par le reportage

1. j'avais laissé pour vous un exemplaire chez l'éditeur ?

2. les premières minutes sont consacrées à Sarajevo.

3. la serrure est si difficile à ouvrir.

4. on fait une grande publicité à la radio.

5. il était le plus fier.

6. elle est la cible.

7. on m'avait dit qu'il avait de la valeur.

8. on parle dans le guide.

 145 Trouvez le pronom relatif convenable.

Exemple : Vous êtes allés dans le village ***dont*** je vous avais vanté les charmes ?

a. Tu as entendu parler du jeune Allemand . . . . . . a atterri sur la place Rouge ?

b. Tu as fait une tache à la chemise . . . . . . je t'avais offerte.

c. Pensez à lui offrir le blouson . . . . . . il a envie.

d. Essayez de trouver une place . . . . . . vous gagnerez moins d'argent mais . . . . . . vous vous épanouirez davantage.

e. La bombe a explosé dans le wagon . . . . . . j'avais voyagé.

f. De plus en plus on voit des gens . . . . . . mendient dans le métro.

g. J'ai repris le poste . . . . . . tu avais laissé en partant à la retraite.

h. C'est le logement . . . . . . représente la part principale du budget des Français.

146 Reliez chacune des deux phrases suivantes pour n'en faire qu'une seule grâce à un pronom relatif.

Exemple : Le garçon m'a rendu les clés de la voiture. Je t'ai parlé de ce garçon.

→ Le garçon ***dont*** je t'ai parlé m'a rendu les clés de la voiture.

a. Les enfants jouent dans la rue. Ces enfants sont les cousins de Paul.

→ . . . .

b. Tu me rends les disques. Je t'ai prêté ces disques.

→ . . . .

c. C'est ce chien ? Tu as peur de ce chien.

→ . . . .

d. Voilà mon appartement. J'habite dans cet appartement avec ma sœur.

→ . . . .

e. Je suis allé voir ce film avec les enfants. Tu redoutais la violence de ce film.

→ . . . .

f . J'ai lu ce livre la semaine passée. Tu lis ce livre en ce moment.

→ . . . .

g. Solange et Patrick prennent des médicaments. Le médecin leur a prescrit des médicaments.

→ ....

h. J'aime certaines voitures. Ces voitures ne font aucun bruit.

→ ....

147 *Ce que, ce qui, ce dont* **? Complétez les phrases avec le pronom relatif qui convient.**

Exemple : Avoir mon bac cette année, c'est **ce qui** est le plus important pour moi.

a. Je n'ai aucune envie de divulguer . . . . il m'a entretenu.

b. Pouvoir aller au cinéma tous les jours, c'est . . . . je rêve quand je suis à Paris.

c. Il a pris le métro sans payer son billet, ... n'est pas très correct.

d. Nous nous sommes perdues et, pourtant, nous avons fait exactement . . . . vous nous aviez dit.

e. La violence au cinéma, c'est . . . . je déteste le plus.

f. Il n'est pas tombé une goutte d'eau au mois de mars, ... est exceptionnel en Normandie.

g. Il n'est pas venu au rendez-vous, ... j'étais convaincu d'avance.

h. Edmond a épousé sa nièce, ... a choqué tout le monde.

148 **Attention aux confusions :** *qu'il* **ou** *qui l'*... **?**

Exemples : La voiture **qu'il** avait achetée était rouge.

La voiture **qui l'**a renversé est aussi rouge.

a. Les conseils . . . . vous a donnés ne sont pas tous bons à suivre.

b. La femme . . . . a épousée est à plaindre.

c. Le chien . . . . a enfermé chez lui aboie toute la journée.

d. Le chien . . . . a empêché de dormir a aboyé toute la nuit.

e. Tu crois . . . . est important que je téléphone à la police ?

f. On se souvient de Raimu comme d'un acteur bourru. Ceux . . . . ont connu le trouvaient charmant.

g. Les raisons . . . . ont conduit à déménager sont d'ordre familial.

h. Le bon air, le calme, le soleil, voilà ce . . . . te faut !

149 **Construisez deux phrases indépendantes à partir de chacune des phrases suivantes.**

Exemple : J'ai déjà vu la fille qui passe devant la vitrine.

→ ***J'ai déjà vu cette fille. Elle passe devant la vitrine.***

a. Nous sommes allés voir l'exposition dont ta sœur a dit tant de bien.

→ ....

b. Richard est le fils que Thérèse a eu avec son premier mari.

→ ....

c. J'ai rangé tous les livres qui sont à Maryvonne.

→ ....

d. Marka est un village isolé du monde où j'aimerais vivre.

→ . . . .

e. Certains économistes condamnent la mécanisation des entreprises qui serait à l'origine du chômage.

→ . . . .

f. Aujourd'hui, le Minitel est devenu un outil archaïque que les réseaux condamnent à disparaître.

→ . . . .

g. J'ai lu un article sur une espèce de mouton dont la tête est hérissée de trois cornes.

→ . . . .

h. Au-dessous se déroulait un escalier à double rampe qui donnait accès à la salle des voyageurs.

→ . . . .

150 **Reconstituez les phrases suivantes. Attention, plusieurs réponses sont possibles.**

a. L'incompétence du capitaine, c'était
b. Ce dont elle rêvait
c. Des émissions sans intérêt, c'est
d. Ce qui a fait la gloire de Godard
e. Ce dont nous parlions
f. Courir dehors
g. Se coucher tôt
h. Le retard que risquait de prendre le train,

1. voilà ce que Sylvie souhaitait le plus.
2. c'est ce qui plaît aux enfants.
3. c'est son premier long métrage.
4. souvent ce que propose la télévision.
5. c'était ce dont j'avais peur.
6. ce dont nous étions convaincus.
7. c'était d'une éventuelle partie de cartes.
8. c'était d'un grand appartement.

151 **Complétez les phrases suivantes par** *quoi* **précédé de la préposition nécessaire.**

Exemple : Les dessous de table et autres pots-de-vin, c'est ce *par quoi* a été discrédité le football en France.

a. Une paire de chaînes et une bombe d'antigel, c'est ce . . . . il ne faut pas prendre cette route verglacée.

b. Il suffit d'un peu de persévérance, c'est ce . . . . on réussit dans la vie.

c. La famille, l'amitié, c'est ce . . . . bien des gens sont prêts à accepter des sacrifices.

d. Souvent, ce . . . . je pense, c'est à la vie que menait mon père lorsqu'il avait mon âge.

e. Lucien sait ce . . . . le scandale mène.

f. Le service militaire, c'est ce . . . . sont passés tous les Français de ma génération avant d'entrer dans la vie active.

g. L'abandon des déshérités par la société, c'est ce . . . . s'est élevé l'abbé Pierre.

h. Le marc de café et la boule de cristal, c'est ce . . . . lisait Mme Julia qui était pourtant analphabète.

B. *LEQUEL, LAQUELLE, DUQUEL, DE LAQUELLE, AUQUEL* ET *À LAQUELLE*

152 Remplacez, derrière la préposition, le pronom *qui* par *lequel, laquelle, lesquels* ou *lesquelles*.

Exemple : Annie est une fille pour (qui) ***laquelle*** l'argent est sans importance.

a. Philippe est le garçon devant (qui) . . . . tu étais assis au théâtre.

b. Léon et Jean sont les amis sans (qui) . . . . je n'aurais jamais eu le courage de passer mes examens.

c. Je suis allé voir Christiane chez (qui) . . . . je suis resté une quinzaine de jours.

d. Nous avons discuté avec Monique et Odile pour (qui) . . . . les résultats des élections importent peu.

e. Anne et Jean-Louis sont les gens avec (qui) . . . . je vais peut-être partir en vacances.

f. J'ai croisé samedi dernier la candidate contre (qui) . . . . je m'étais présenté aux dernières élections.

g. Les Lantiez sont des gens sur (qui) . . . . il est difficile de se faire une opinion.

h. Les personnes sur (qui) . . . . je suis tombé dans le train de Nice étaient mes propriétaires.

153 Insistez en utilisant *lequel, laquelle* ou *lesquels* précédé d'une préposition.

Exemple : J'ai passé mon enfance dans cette maison.
→ ***C'est la maison dans laquelle j'ai passé mon enfance.***

a. Nous sommes venus par cette route.
→ C'est la route . . . .

b. J'ai posé mes clés sur cette table.
→ C'est la table . . . .

c. Vous avez fait vos travaux avec cette perceuse
→ C'est cette perceuse . . . .

d. Il n'est plus possible d'enseigner aujourd'hui sans un diplôme de maîtrise.
→ La maîtrise est un diplôme . . . .

e. J'ai toujours voté pour le candidat sortant.
→ Le candidat sortant est celui . . . .

f. L'opposition compte déposer deux cents amendements contre ce projet de loi.
→ C'est le projet de loi . . . .

g. Je joue au tarot tous les samedis soir avec mes amis Lariven.
→ Les Lariven sont les amis . . . .

h. On ne peut faire de bon couscous sans cumin.
→ Le cumin est un ingrédient . . . .

---

154 Choisissez le pronom relatif convenable : *dont* ou *duquel, de laquelle...*

Exemples : C'est un réalisateur ***dont*** nous avons vu tous les films.

C'est l'homme à cause ***duquel*** je suis allé en prison.

a. Je suis passé à côté de la maison . . . . j'avais entendu dire qu'elle était hantée.

b. Le maçon a rencontré toutes sortes de difficultés à cause . . . . le chantier a pris trois mois de retard.

c. J'ai encore lu un article sur cette fameuse maladie au sujet de . . . . on a tant écrit.

d. Vous avez réussi à voir le film . . . . nous vous avions parlé ?

e. J'ai lu le roman à partir . . . . Jean Gruault a écrit son scénario.

f. Vous êtes passé sur la route près de . . . . on a construit la centrale nucléaire.

g. Nous avons enfin vu la maison . . . . il nous avait montré les plans.

h. J'ai lu les propositions du président à propos . . . . personne n'est d'accord.

 155 **Trouvez pour chaque phrase le pronom qui convient. Choisissez parmi** *auquel,* *auxquelles, auxquels, laquelle, desquelles* **ou** *duquel.*

Exemple : Jacques est une personne à côté de ***laquelle*** il est impossible de vivre, m'a dit sa femme.

a. Les commerçantes . . . . j'ai demandé l'heure n'étaient pas très aimables.

b. Arlette Laguiller est une femme au sujet de . . . . on a dit beaucoup de choses désagréables.

c. Stéphane et Charles sont les amis grâce . . . . Olivier a rencontré Charlotte.

d. André Gide est un écrivain . . . . je dois beaucoup.

e. Les voisines au-dessus . . . . j'habite écoutent sans arrêt la radio.

f. La personne au-dessous de . . . . je me situe dans l'entreprise est le directeur général.

g. Mes frères sont sans doute les hommes près . . . . j'ai vécu le plus longtemps.

h. Regarde, c'est l'acteur à côté . . . . j'étais assis dans l'avion.

156 **Faites des phrases en réunissant les éléments suivants à l'aide des pronoms** *auquel,* *auxquels, à laquelle, auxquelles* **ou** *à qui* **(parfois plusieurs réponses possibles).**

a. J'ai rencontré le jeune homme

b. Les entreprises

c. Nous n'avons pas revu le cheval ➝ *auquel*

d. J'ai déjeuné avec une personne *auxquels*

e. Comment s'appellent les *à laquelle*

personnes *auxquelles*

f. Personne ne connaît le couple *à qui*

g. Les chiffres

h. Les livres

1. j'ai écrit m'ont toutes répondu.

2. appartient cette voiture.

3. vous avez prêté votre magnétoscope.

4. tu dois plus de 10 000 francs.

5. il se réfère sont tous faux.

6. les enfants avaient donné à manger le week-end précédent.

7. je pensais sont épuisés.

8. vous parliez ce matin ?

157 Réunissez ces deux phrases à l'aide d'un pronom relatif précédé de la préposition soulignée.

Exemple : Tiens, c'est ce jeune homme. J'ai fait une bonne partie du voyage <u>avec</u> lui.

→ Tiens, c'est le jeune homme **avec lequel** j'ai fait une bonne partie du voyage.

a. Le vin rouge est une boisson. Il est impossible d'apprécier un bon camembert <u>sans</u> cette boisson.

→ ....

b. La défense des droits de l'homme est une cause. Il s'est battu toute sa vie <u>pour</u> cette cause.

→ ....

c. C'est une jeune femme. J'ai obtenu mon travail <u>grâce à</u> elle.

→ ....

d. Les Lantiez sont des gens étranges. Il est difficile d'avoir une opinion précise <u>à propos</u> de ces gens.

→ ....

e. Brigitte est une fille sympathique. On peut toujours compter <u>sur</u> elle.

→ ....

f. Devenir acteur est un rêve. J'ai couru <u>après</u> ce rêve toute ma jeunesse.

→ ....

g. Être comptable est un beau métier. Je m'épanouis <u>dans</u> ce métier.

→ ....

h. C'est un homme très doux et son air sombre n'est qu'un masque. Il se cache <u>derrière</u> ce masque.

→ ....

158 Complétez les phrases suivantes avec *lequel, lesquels, laquelle, lesquelles* précédés d'une préposition ou *auquel, auxquels...*

Exemples : Tu me donnes les skis **avec lesquels** tu as remporté ta médaille ?
Les caissiers des grandes surfaces sont des gens **auxquels** on confie des tâches bien trop lourdes.

a. J'ai revu par hasard le professeur . . . . j'ai réussi à intégrer Normale sup.

b. Internet est le réseau . . . . nous correspondons régulièrement avec nos clients.

c. Le train est devenu le moyen . . . . il est le plus simple de traverser la Manche.

d. Les Deniau sont des amis . . . . Amélie doit plus de 100 000 francs.

e. Je te conseille d'aller voir la crémière . . . . j'achète mon fromage.

f. Le président a une formule . . . . il est attaché : « trop d'impôt tue l'impôt ».

g. Le mur . . . . Jacques s'appuyait s'est effondré sous son poids.

h. Christian appartient à une génération qui ne pourra jouir d'une retraite . . . . il aura pourtant cotisé.

159 Reconstituez chaque phrase en groupant autour du pronom relatif correct un personnage avec une qualité ou une action lui correspondant.

a. Ulysse est un chien
b. Valérie est l'amie
c. Charles le Téméraire haïssait Louis XI
d. Mitterrand fut certainement le président français
e. Mansart est l'architecte
f. Alain est un homme
g. Serge Daney était un critique
h. L'instituteur du village est la personne

à qui
sans qui
pour qui
grâce à qui
contre qui
dont
avec qui
à propos de qui

1. il s'est battu toute sa vie.
2. je n'aurais jamais découvert les films de Raoul Ruiz.
3. on doit les plus beaux monuments de l'époque classique française.
4. mon oncle a fait des études.
5. tout le monde a peur.
6. je fais de la voile.
7. on a publié le plus d'ouvrages.
8. j'irais au bout du monde.

160 *Desquels, duquel, auxquels, sans lesquelles, auquel, avec lequel, auxquelles, par laquelle, contre lequel :* **trouvez le pronom (éventuellement précédé d'une préposition) correspondant à chaque phrase.**
Exemple : Voilà le mur **contre lequel** j'avais appuyé mon vélo.

a. J'ai égaré un collier . . . . je tenais comme à la prunelle de mes yeux.
b. Vous avez rencontré des problèmes . . . . vous ne vous attendiez pas.
c. Édouard a acheté trois cents bouteilles de champagne . . . . il attribue des qualités à mon sens excessives.
d. Ils viennent d'acquérir un bateau à l'entretien . . . . ils devront passer un temps fou.
e. Vous trouverez facilement la piste . . . . on descend directement à la station.
f. Pensez à mettre de bonnes chaussures . . . . vous ne pourriez pas faire cette marche.
g. Linderhof est un des châteaux pour la construction . . . . Louis II a failli ruiner son pays.
h. L'amour est un sentiment . . . . on ne doit pas jouer.

C. LA MISE EN RELIEF

 161 Reconstituez les phrases suivantes pour exprimer l'insistance.

a. Plus personne n'a entendu parler d'Alain,

b. Les sculptures ont été enlevées de l'avenue,

c. On vient d'achever la construction de la bibliothèque,

d. Pour skier, je me suis acheté des chaussures neuves,

e. Le tyran a libéré les opposants,

f. J'ai pris la mauvaise route pour monter chez toi,

g. Virginie et Anatole vont dans une nouvelle école,

h. Nous avons décidé de ne plus voyager sur les lignes de cette compagnie,

1. lesquels avaient été emprisonnés dix-sept ans auparavant.

2. laquelle est plus près de chez eux.

3. lequel a disparu en mer.

4. laquelle était de surcroît très enneigée.

5. laquelle avait été commanditée par François Mitterrand.

6. lesquelles sont très confortables.

7. laquelle est souvent en grève.

8. laquelle semble bien triste depuis.

162 Marquez l'insistance en remplaçant le pronom relatif *qui* par un autre pronom.

Exemple : J'ai déjeuné avec Camille qui est devenue ministre du Travail de son pays.
→ J'ai déjeuné avec Camille, *laquelle* est devenue ministre du Travail de son pays.

a. Nous avons discuté avec ton petit frère qui croit toujours au père Noël.

→ . . . .

b. Surtout n'oublie pas de prendre la carte grise, qui se trouve dans la boîte à gants.

→ . . . .

c. Nous sommes allés cueillir des cèpes qui sont rares cette année.

→ . . . .

d. Après le tremblement de terre, nous sommes retournés voir cette ville qui a été reconstruite.

→ . . . .

e. J'ai retrouvé les clés de la maison de campagne qui étaient à la cave.

→ . . . .

f. J'ai acheté des fraises qui sont hors de prix.

→ . . . .

g. Nous avons revu les Cartier qui ont beaucoup vieilli.

→ . . . .

h. Vous avez décidé d'aller voir le film de Chabrol qui est excellent.

→ . . . .

163 Simplifiez les phrases suivantes en supprimant le pronom relatif.

Exemple : C'est moi qui ai décidé de prendre le train pour aller à Toulouse.
→ *J'ai décidé de prendre le train pour aller à Toulouse.*

a. Les films que j'ai vus cet été sont tous sans intérêt.
→ ....

b. Les hommes que tu souhaites rencontrer sont des personnalités très occupées.
→ ....

c. Ce sont les Japonais qui courent très peu de risques cardio-vasculaires.
→ ....

d. *Célimène et le cardinal*, c'est la pièce dont on dit tant de bien.
→ ....

e. C'est Édouard Balladur qui semblait être le mieux placé pour être élu président de la République.
→ ....

f. La maladie que vous avez contractée en voyageant est très grave.
→ ....

g. C'est une météorite qui est à l'origine de la disparition des dinosaures.
→ ....

h. C'est la maison où a vécu Honoré de Balzac.
→ ....

164 Mettez en relief les éléments soulignés.

Exemple : Jacques Chirac a été élu président de la République en 1995.
→ *C'est Jacques Chirac qui* a été élu président de la République en 1995.

a. J'ai trouvé ce beau livre dans un grenier.
→ ....

b. Il a impérativement besoin de cette somme pour demain.
→ ....

c. Charles IX a donné le signal de l'extermination des protestants de France.
→ ....

d. Vous admirez le plus grand pont du monde construit à l'aide de haubans.
→ ....

e. Ferdinand de Lesseps a construit le canal de Suez.
→ ....

f. Elle manque surtout de sommeil.
→ ....

g. Nous avons pris la décision d'aller travailler en Afrique.
→ ....

h. Les télécommunications seront prochainement privatisées en France.
→ ....

Bilan

165 Complétez ce texte avec des pronoms relatifs.

Les gens . . . . *(a)* habitent les arrondissements populaires de Paris, ... *(b)* sont de moins en moins nombreux, ne sont pas toujours à plaindre, bien au contraire.

Ce sont des gens . . . . *(c)* la foule et une incessante activité ne rebutent pas.

Ainsi, de nombreuses personnes préfèrent vivre dans des quartiers au cœur . . . . *(d)* existe une véritable vie. Pour moi, ce sont Belleville et Ménilmontant . . . . *(e)* restent mes quartiers préférés. Je suis reconnaissant envers les multiples associations grâce . . . . *(f)* on a pu éviter la démolition d'une grande quantité d'immeubles . . . . *(g)* les poètes ont souvent chantés. Parmi eux, on peut citer la maison . . . . *(h)* naquit une chanteuse . . . . *(i)* tout le monde a entendu parler : Édith Piaf.

À tous ceux à . . . . *(j)* ces noms de quartiers n'évoquent rien, je conseille de descendre la rue de Belleville. Parcourez-la depuis la rue des Pyrénées jusqu'au boulevard Parmentier.

Vous ne vous perdrez pas, il y aura toujours des commerçants . . . . *(k)* vous pourrez demander votre chemin. Commerces asiatiques, africains, maghrébins, juifs, turcs et, bien sûr, français traditionnels, vous y découvrirez des saveurs . . . . *(l)* vous ignorez, des parfums, des langues et des musiques avec . . . . *(m)* vous ferez, en une demi-journée, un véritable tour du monde grâce . . . . *(n)* vous rentrerez enrichis et étourdis.

VII. LE CONDITIONNEL

On ne saurait faire boire un âne s'il n'a pas soif.

A. LE CONDITIONNEL PRÉSENT : EMPLOIS

166 **Exprimez votre question de façon plus polie.**

Exemple : Tu viens à la campagne ce week-end ?

→ ***Viendrais-tu*** à la campagne ce week-end ?

a. Vous pouvez me donner l'heure ? → ....

b. Vous voulez venir nous voir dimanche ? → ....

c. Tu souhaites participer à des actions humanitaires ? → ....

d. Tu peux dire « bonjour » à Denise de ma part ? → ....

e. Je peux m'asseoir à côté de vous ? → ....

f. Vous avez de l'argent à me prêter ? → ....

g. Vous passez par Montparnasse ? → ....

h. Tu préfères le théâtre au cinéma ? → ....

167 **Formulez poliment vos propos dans chacune de ces situations en utilisant les verbes :** *aimer, souhaiter, vouloir, pouvoir* **ou** *préférer.* **(Plusieurs phrases possibles.)**

Exemple : Vous souhaitez que votre ami ferme la fenêtre. Vous le lui demandez.

→ « ***Pourrais-tu*** fermer la fenêtre ? »/« ***Voudrais-tu*** fermer la fenêtre ? »

a. Vous n'avez pas un sou pour rentrer chez vous ; vous demandez à vos amis de vous prêter de l'argent.

→ ....

b. Vous proposez à votre compagnon ou votre compagne d'aller en vacances en Sicile.

→ ....

c. Le garçon propose aux clients de choisir entre fromage et dessert.

→ ....

d. Vous demandez à votre patron s'il accepte que vous passiez chez lui même tard lui rapporter le dossier « Contentieux Cordier ».

→ ....

e. Vous signifiez à la fin de votre lettre que vous voulez rencontrer prochainement le DRH*.

→ ....

* DRH : Directeur des Ressources Humaines (dans une entreprise, il s'agit de la personne responsable de la gestion du personnel).

f. Vous demandez à une amie si elle a envie d'aller à la campagne pendant le week-end.

→ ....

g. Les écologistes annoncent qu'ils souhaitent parlementer avec le ministre de l'Environnement.

→ ....

h. Au théâtre, la personne assise devant vous est très grande ; vous lui demandez de se baisser un peu.

→ ....

168 **Reformulez ces hypothèses suivant le modèle.**

Exemple : Si Ferdinand allait en Inde, il ferait des progrès en anglais.

→ Ferdinand *irait* en Inde, il ferait des progrès en anglais.

a. S'ils passaient par le tunnel sous la Manche, ils arriveraient plus vite à Londres.

→ ....

b. Si on avait un chien, on ne saurait pas quoi en faire pendant les vacances.

→ ....

c. Si vous voyiez ce film, vous auriez envie de connaître toute l'œuvre de ce metteur en scène.

→ ....

d. Si je te disais d'arrêter de travailler, tu ne m'écouterais pas.

→ ....

e. S'il travaillait un peu plus son solfège, il aurait bien plus de facilités pour déchiffrer les partitions.

→ ....

f. Si tu souriais de temps en temps, tu aurais plus d'amis.

→ ....

g. Si tu leur déplaisais, ils ne se gêneraient pas pour te licencier.

→ ....

h. Si j'avais attendu six mois, j'aurais bénéficié de la baisse générale des taux de crédit.

→ ....

169 **Exprimez une réserve sur ces informations. Transformez selon l'exemple.**

Exemple : On pense que l'illettrisme touche 10 % de la population française.

→ L'illettrisme *toucherait* 10 % de la population française.

a. On dit que les Français sont les plus gros consommateurs de médicaments du monde.

→ ....

b. La presse a avancé que 63 % des Français ignorent qui a peint Mona Lisa.

→ ....

c. D'après *Francoscopie*, la formation d'un élève ingénieur revient en moyenne à 52 000 francs.

→ ....

d. On estime que, d'ici cinq ans, les Français mourront en moyenne à 75 ans et les Françaises à 82 ans.

→ ....

e. J'ai entendu dire à la radio que chaque Français dépensait 10 000 francs par an pour sa santé.

→ ....

f. Les suicides font plus de victimes chaque année que les accidents de la route.

→ ....

g. 15 % des Français souffrent d'hypertension artérielle mais 80 % l'ignorent.

→ ....

h. En France, il semble que nous fumions de moins en moins.

→ ....

170 **Formulez un conseil sur le modèle suivant.**

Exemple : Rentrez chez vous de bonne heure.

→ *À votre place, je rentrerais chez moi de bonne heure.*

a. Téléphonez à l'hôpital.

→ À votre place, ...

b. N'oubliez pas votre permis de conduire.

→ À votre place, ...

c. Fermez les volets avant de sortir.

→ À votre place, ...

d. Ne buvez plus de vin.

→ À votre place, ...

e. Partez en vacances avec vos enfants.

→ À votre place, ...

f. N'ouvrez la porte à personne.

→ À votre place, ...

g. Faites-vous refaire le nez.

→ À votre place, ...

h. Lisez. Arrêtez de vous saouler de télévision.

→ À votre place, ...

171 **Exprimez ces espoirs et ces regrets en utilisant le conditionnel présent.**

Exemple : Si j'avais de l'argent, j'irais en Espagne.

→ J'***aurais*** de l'argent, j'irais en Espagne.

a. Si nous étions riches, nous changerions d'appartement.

→ ....

b. Si vous pouviez venir avec nous, nous passerions des vacances formidables.

→ ....

c. Si vous acceptiez de m'écouter, tous vos problèmes seraient réglés.

→ ....

d. Si j'étais moins fatigué, je pourrais sortir avec toi.

→ ....

e. Si les cousins Jourdain venaient à Paris, toute la famille serait réunie pour Noël.

→ ....

f. Si nous faisions plus attention, nous aurions des économies.

→ ....

g. Si Christophe obtenait son permis de conduire avant l'été, nous irions en Suède en voiture.

→ . . . .

h. Si elle travaillait moins, elle serait de meilleure humeur.

→ . . . .

172 **Formulez des conseils et leur conséquence selon le modèle suivant.**

Exemple : Travaille mieux au lycée et tu pourras t'inscrire après le bac dans l'université de ton choix.

→ Tu ***travaillerais*** mieux au lycée, tu ***pourrais*** t'inscrire après le bac dans l'université de ton choix.

a. Buvez moins de soda et vous serez en meilleure santé.

→ . . . .

b. Arrête de fumer, tu monteras les six étages sans effort.

→ . . . .

c. Taillez vos rosiers en hiver, ils seront splendides cet été.

→ . . . .

d. Faites du sport, vous resterez en bonne forme physique.

→ . . . .

e. Lisez des romans, vous entretiendrez vos facultés d'analyse.

→ . . . .

f. Prenez la première à droite, vous arriverez directement.

→ . . . .

g. Allons faire les courses au marché, nous trouverons des produits de meilleure qualité.

→ . . . .

h. Regardez moins la télévision, votre esprit critique se développera.

→ . . . .

173 **Exprimez des doutes et des réserves sur les affirmations suivantes.**

Exemple : Je peux faire le tour du monde en huit jours.

→ Vous ***pourriez faire*** le tour du monde en huit jours !

a. Ce n'est pas moi le ronfleur, c'est ma femme.

→ . . . .

b. Vous êtes incapable de tenir votre parole.

→ . . . .

c. Enfin papa, à ton âge, tu ne dois plus danser le rock.

→ . . . .

d. Le poisson que j'ai pêché pèse plus de six kilos.

→ . . . .

e. Laurent revient à pied de Chine.

→ . . . .

f. D'après les textes anciens, cette terre nous appartient.

→ . . . .

g. Achetez cette voiture, il n'en existe pas de meilleure.

→ . . . .

h. Certains films de Claude Lelouch passent pour des chefs-d'œuvre.

→ . . . .

B. LE CONDITIONNEL PASSÉ : FORME ET EMPLOIS

124 **Réécrivez les phrases suivantes au conditionnel présent.**

Exemple : Il serait parti en vacances chez Nathalie avec joie.

→ Il *partirait* en vacances chez Nathalie avec joie.

a. Il aurait pris trois semaines de congés.

→ . . . .

b. Il aurait bouclé tous ses dossiers en cours.

→ . . . .

c. Il aurait prévenu son père, sa mère, ses frères et ses sœurs.

→ . . . .

d. Ç'aurait été le bonheur.

→ . . . .

e. Il serait allé acheter un maillot de bain neuf.

→ . . . .

f. Il se serait couché tôt la veille du départ.

→ . . . .

g. Il serait arrivé très en avance à la gare pour prendre son train.

→ . . . .

h. Ils auraient aperçu le Yeti au sommet de la montagne.

→ . . . .

125 **Complétez les phrases suivantes en employant l'auxiliaire correct.**

Exemple : Elle *serait* partie vivre en Italie.

a. Tu . . . . pris le train sans billet.

b. Vous . . . . arrivé en retard tous les jours.

c. J' . . . . eu tort de dire la vérité ?

d. Ils . . . . acheté une maison sur la côte.

e. Elle . . . . accepté le divorce.

f. Le Premier ministre . . . . décidé d'augmenter la TVA*.

g. Cet avion . . . . atteint les 3000 kilomètres/heure.

h. Nous . . . . découvert une autre façon de vivre.

* TVA : Taxe à la Valeur Ajoutée.

176 Ces phrases expriment des constatations actuelles. Manifestez le regret en les réécrivant au conditionnel passé.

Exemple : Vous aimeriez apprendre le chinois.

→ Vous **auriez aimé** apprendre le chinois.

a. Avec de l'argent ils iraient au cinéma tous les jours.

→ ....

b. Tu verrais ta mère plus souvent en déménageant.

→ ....

c. Avec du temps, nous réserverions nos places trois jours avant de partir.

→ ....

d. Par amour, elle consacrerait tout son temps à son fils.

→ ....

e. Grâce à son travail, elle réussirait tous ses examens.

→ ....

f. En lisant mon programme, vous voteriez pour moi.

→ ....

g. Avec de la patience, vous obtiendriez votre permis de conduire.

→ ....

h. Grâce à l'amicale des personnes âgées, elles iraient à la bibliothèque du quartier.

→ ....

177 Si c'était à refaire ? ... suivez le modèle.

Exemple : Rester à la campagne ? Oui, je **serais resté** à la campagne.

a. Reprendre l'exploitation de mes parents ? Oui,...

b. S'endetter pour moderniser l'entreprise ? Oui, ...

c. Acquérir les terres voisines ? Oui, ...

d. Aller en Australie observer d'autres techniques ? Oui, ...

e. Diversifier la production ? Oui, ...

f. Construire des équipements nouveaux ? Oui, ...

g. Démolir les vieux bâtiments ? Oui, ...

h. Vivre une vie plus saine qu'en ville ? Oui,...

178 Exprimez des regrets en utilisant les éléments proposés.

Exemple : Je/faire des études de philosophie.

→ Si j'avais su, j'**aurais fait** des études de philosophie.

a. Émile/déménager.

Si Émile avait su, il. ....

b. Nous/voter pour un autre candidat.

→ ....

c. Vous/inscrire votre fils dans un autre collège.

→ ....

d. Céline et Julie/prendre le bateau.

→ . . . .

e. Je/lire le contrat jusqu'au bout.

→ . . . .

f. Tu/décrire les lieux avec plus de précision.

→ . . . .

g. Lucien et Alice/détruire le mur mitoyen.

→ . . . .

h. Simone/revendre ses parts de l'entreprise.

→ . . . .

179 **Exprimez la conséquence non accomplie en conjuguant le verbe entre parenthèses au conditionnel passé.**

Exemple : Sans mon soutien, il (paniquer) **aurait paniqué** face à cette situation.

a. Nous (préférer) . . . . cette salade de fruits sans banane.

b. Sans l'héritage de ses parents, il (rester) . . . . locataire.

c. Aurore (épouser) . . . . Gaël sans tes bons conseils.

d. Solange (sombrer) . . . . dans le désespoir sans ses amis.

e. Sans toi, je (partir) . . . . faire le tour du monde.

f. Sans la perspective des élections, le président (faire) . . . . plus d'économie et moins de politique.

g. Je (gâcher) . . . . , sans passion, une bonne partie de ma vie.

h. Sans mon travail, je (pouvoir) . . . . partir en Bretagne.

180 **Reconstituez les phrases suivantes qui expriment une restriction ayant provoqué une conséquence (parfois plusieurs possibilités).**

a. Sans une certaine inconscience,

b. Monique n'aurait jamais appris l'anglais

c. Sans une ambition démesurée,

d. On ne lui aurait pas fermé toutes les portes au nez

e. Sans aucune culture,

f. Sans enfant,

g. Bernard n'aurait pas passé les vacances de Noël en famille

h. Emmanuel n'aurait pas vu que Colette le regardait

1. sans ce mauvais caractère.

2. Raymond ne serait jamais devenu président de son groupe.

3. sans ses lunettes.

4. de nombreux sportifs n'auraient jamais battu ces records.

5. Paul et Nadine n'auraient pas bénéficié du tarif réduit sur les vols de Air Europe.

6. sans un excellent médecin.

7. Éléonore n'aurait jamais réussi à se faire admettre dans ce milieu.

8. sans ces années passées aux États-Unis.

181 Utilisez le conditionnel passé pour exprimer une conséquence irréalisée.

Exemple : J'ai conduit trop lentement, alors j'ai raté le début de la pièce.
→ En roulant plus vite je **n'aurais pas raté** le début de la pièce.

a. Il m'a manqué trois points alors je n'ai pas été admis au concours.
En ayant trois points de plus . . . .

b. Tu as joué le six au lieu du trois, alors tu n'es pas millionnaire.
En jouant le trois . . . .

c. Je n'ai pas appris 20 lignes par cœur tous les jours, alors je n'ai pas gardé une excellente mémoire.
En apprenant 20 lignes par cœur tous les jours . . . .

d. Il n'a pas pris ses cachets, alors il a attrapé la malaria.
En prenant ses cachets . . . .

e. Paul s'est laissé faire, alors il a perdu tout son argent.
En ne se laissant pas faire . . . .

f. Tu n'as pas pris mes clés, alors tu es restée à la porte.
En prenant mes clés . . . .

g. Il n'a pas eu de volonté, alors il n'a pas poursuivi la course jusqu'au bout.
En ayant de la volonté . . . .

h. Sans rigueur, ils n'ont pas sorti l'entreprise de cette mauvaise passe.
En ayant de la rigueur . . . .

182 Réécrivez le texte suivant au conditionnel passé.

Exemple : Loïc arriverait à la gare au petit matin.
→ Loïc **serait arrivé** à la gare au petit matin.

a. Gwenaëlle l'attendrait sur le quai.
→ . . . .

b. Ils iraient prendre un petit déjeuner au buffet.
→ . . . .

c. Il y aurait du café brûlant, des croissants chauds et du lait tiède.
→ . . . .

d. Ils se regarderaient dans les yeux longtemps.
→ . . . .

e. Le café, le lait et les croissants refroidiraient.
→ . . . .

f. Le soleil se lèverait sur leur bonheur.
→ . . . .

g. Ils s'embrasseraient avant de monter en voiture.
→ . . . .

h. Et leur petit déjeuner froid leur resterait sur l'estomac.
→ . . . .

183 Exprimez une réserve sur une information au passé en conjuguant le verbe entre parenthèses au conditionnel passé.

Exemple : Le président (décider) ***aurait décidé*** de se présenter aux prochaines élections.

a. Le principal suspect (prouver) . . . . son innocence.

b. Madeleine (obtenir) . . . . le premier prix de beauté.

c. La guerre du Golfe (faire) . . . . plus de 250 000 victimes civiles.

d. Bill Gates (acquérir) . . . . les droits de reproduction des œuvres des plus grands musées du monde.

e. Alain (prendre) . . . . froid le soir de son anniversaire.

f. Le chômage (atteindre) . . . . son taux limite en France.

g. Le gouvernement (entreprendre) . . . . de démanteler la Sécurité sociale.

h. Philippe (joindre) . . . . un de ses plus vieux copains grâce à Internet.

184 Remplacez l'affirmation suivante par une hypothèse formulée au conditionnel passé.

Exemple : Fabienne est allée vivre en Hollande avec Patrick.
→ Fabienne ***serait allée*** vivre en Hollande avec Patrick.

a. Vous êtes entrés dans le magasin par hasard.
→ . . . .

b. Ils sont montés jusqu'ici pour le plaisir.
→ . . . .

c. Tu es sorti trois heures avant moi.
→ . . . .

d. Annie est venue chez lui chaque jour.
→ . . . .

e. Vous êtes passé nous dire que vous sortiez.
→ . . . .

f. Les loups sont entrés en France par les Alpes.
→ . . . .

g. Depuis le départ de son fils, Roger est devenu triste.
→ . . . .

h. Louis est tombé du troisième étage sans se blesser.
→ . . . .

185 Les choses se sont déroulées différemment de ce que vous pensiez. Admettez-le en exprimant la surprise au conditionnel passé.

Exemple : Mon neveu a obtenu son baccalauréat cette année.
→ Je ne pensais pas qu'il ***l'aurait obtenu***.

a. Tu m'as quitté le mois dernier, trois jours avant notre soixantième anniversaire de mariage.
Je ne pensais pas que tu . . . .

b. La semaine dernière, on a retrouvé mon portefeuille dans le cinéma où je l'avais perdu.
→ . . . .

c. En 1969, les Américains sont allés sur la lune, avant les Soviétiques.

→ . . . .

d. L'an passé j'ai revu Jean Leclerc, l'un de mes plus anciens camarades d'enfance.

→ . . . .

e. L'été 1987, vous avez réussi votre traversée de l'Atlantique en solitaire.

→ . . . .

f. L'hiver dernier, quand nous nous sommes revus, vous avez admis votre erreur.

→ . . . .

g. Quand nous sommes allés à Java, nous avons tous atteint le sommet du Merapi.

→ . . . .

h. On a très peu parlé de la mort de Charles Denner dans la presse.

→ . . . .

186 Voici des conséquences introduites par des hypothèses formulées à l'imparfait. Réécrivez-les au conditionnel passé.

Exemple : Tu me disais la vérité, je te croyais immédiatement !

→ Tu me disais la vérité, je t'***aurais cru*** immédiatement !

a. Vous partiez après moi, vous ratiez votre train !

→ . . . .

b. Tu apportais une bouteille de vin, tu lui faisais plaisir !

→ . . . .

c. Je lisais trois livres, je réussissais mon examen !

→ . . . .

d. Il rencontrait le directeur général, il lui laissait carte blanche !

→ . . . .

e. Nous allions voir l'adjoint au maire, nous obtenions une place en crèche le lendemain !

→ . . . .

f. Françoise commençait à chanter, elle recevait immédiatement des tomates !

→ . . . .

g. Tu prenais ton temps, tu comprenais tout !

→ . . . .

h. Charles et Julien leur écrivaient, elles étaient contentes !

→ . . . .

C. CONCORDANCE DES TEMPS

187 Écrivez le verbe entre parenthèses à la forme qui convient.

Exemples : Si vous disiez franchement les choses, on (pouvoir) ***pourrait*** gagner du temps.

Vous déboucheriez la bouteille de cidre qui est devant vous si vous (avoir) ***aviez*** soif.

a. Je sortirais si je (vouloir) . . . . voir ce film.

b. Si vous persistiez dans votre mutisme, vous n'en (devenir) . . . . que plus suspect.

c. Nous y verrions plus clair si tu (ranger) . . . . ta chambre.

d. Si Christiane et Colette partaient ensemble en vacances, personne ne (pouvoir) . . . . s'occuper du chat.

e. Vous découvririez que les hommes sont tous différents si vous (voyager) . . . . plus souvent.

f. Si vous étiez Monégasque, vous ne (payer) . . . . pas d'impôts.

g. Si vous (passer) . . . . à la télévision, vos parents seraient fiers de vous.

h. Tu ne m' (oublier) . . . . pas si vite si tu avais un peu de mémoire.

---

188 **Reconstituez les phrases suivantes.**

a. L'eau jaillirait au bout du jardin
b. Si vous disiez la vérité,
c. J'arriverais exténuée
d. S'ils offraient un atlas à leur père,
e. Si je le décidais maintenant,
f. Nos enfants trouveraient plus facilement du travail
g. Son chat serait en meilleure santé
h. Si tu prenais ce cachet,

1. tu n'aurais plus mal à la tête.
2. si je parcourais cette distance à pied.
3. vous ne seriez pas dans cette situation
4. si nous les instruisions correctement.
5. si elle le nourrissait moins.
6. il serait content.
7. s'il ouvrait le robinet.
8. nous partirions dans une heure.

---

189 **Imaginez une suite ou une fin logique aux phrases suivantes.**

Exemple : S'il y avait plus de commerces dans ce quartier, *il serait plus agréable à vivre*.

a. Si j'avais obtenu tout ce que je voulais, ...

b. . . . . la baignoire n'aurait pas débordé

c. S'il avait lu l'article avec plus d'attention, ...

d. . . . . il n'aurait pas été abîmé

e. Si elle avait fourni plus d'efforts, ...

f. . . . . nous aurions grelotté de froid

g. Si vous aviez haï ce type autant qu'il vous hait, ...

h. . . . . elles l'auraient humilié

---

190 **Reconstituez les phrases suivantes.**

a. S'ils avaient une voiture,
b. Vous pourriez faire réparer votre caméra,
c. Il n'aurait pas fait ce genre d'erreur
d. Elles auraient vu l'éclipse
e. Nous boirions de l'eau du robinet
f. Tu aurais cherché ta route en vain
g. S'ils allaient se reposer dans les Alpes,
h. J'aurais volontiers chanté

1. si l'occasion s'était présentée.
2. si elle n'était pas polluée par les nitrates
3. si tu n'avais pas pris de carte.
4. s'il avait consulté un dictionnaire.
5. elle est encore sous garantie.
6. si elles s'étaient couchées moins tôt.
7. ils partiraient plus souvent le week-end.
8. ils guériraient plus vite.

191 Employez la forme verbale qui convient en fonction des indications temporelles qui vous sont proposées.

Exemple : (quand elles étaient plus jeunes) trouver/prolonger : elles **auraient trouvé** plus facilement du travail si elles **avaient prolongé** leurs études.

a. (hier soir) ne pas manger/être : Si nous . . . . d'huîtres, nous ne . . . . pas malades.

b. (il y a une heure) arriver/prendre : Nous . . . . à l'heure si nous . . . . le métro.

c. (l'autre jour) prêter/rouler : Si je te . . . . ma voiture, tu . . . . prudemment ?

d. (la semaine dernière) être/changer d'avis : Vous . . . . riches si vous . . . . à temps.

e. (samedi dernier) ne pas être fatigué/sortir : Si elle . . . ., elle . . . . avec moi.

f. (après les vacances) penser/téléphone : Elle . . . . que j'insistais trop si je lui . . . .

g. (la nuit dernière) ronfler/dormir : Si elle . . . . moins fort, je . . . . mieux.

h. (la semaine dernière) ne pas s'effondrer/achever : Le toit . . . . si Albert . . . . les travaux à temps.

192 Exprimez ces informations hypothétiques selon le modèle suivant.

Exemple : On dit que le président était malade avant d'être élu.
→ Le président **aurait été** malade avant d'être élu.

a. On prétend que les accidents nucléaires ont été nombreux pendant les années 70.
→ . . . .

b. Le bruit court que Louis XIV avait un frère jumeau.
→ . . . .

c. Je me suis laissé dire que des groupes financiers ont soutenu les indépendantistes corses.
→ . . . .

d. On pense que la majorité des aristocrates ne savait pas lire jusqu'au siècle dernier.
→ . . . .

e. On croit que de vastes plaines fertiles s'étendaient au pied des pyramides d'Égypte.
→ . . . .

f. On est presque sûr que les Égyptiens de l'Antiquité détenaient des secrets architecturaux aujourd'hui disparus.
→ . . . .

g. On imagine que ce sont les maladies européennes qui ont décimé les Indiens précolombiens.
→ . . . .

h. Certains affirment que 60 % des athlètes présents à Atlanta étaient dopés.
→ . . . .

193 Transposez les affirmations suivantes selon le modèle.

Exemple :   « On aura fini ce travail avant la fin du mois. »

   → *Le peintre a affirmé qu'on aurait fini ce travail avant la fin du mois.*

a.   « Tu auras eu un coup de foudre en la voyant. »

→   Rafaël a crié sur les toits que je . . . .

b.   « Chacun sera rentré chez soi avant les actualités télévisées de 20 heures. »

→   Le patron a juré que chacun . . . .

c.   « L'équipe des Bleus aura franchi la ligne d'arrivée avant les autres. »

→   L'entraîneur a déclaré que l'équipe . . . .

d.   « Tu auras changé de voiture avant moi. »

→   François imaginait que je . . . .

e.   « Vous aurez perdu vos kilos superflus au bout d'une semaine de régime. »

→   Le médecin a garanti que nous . . . .

f.   « Ils seront installés dans le Midi avant l'âge de la retraite. »

→   Tes parents t'ont dit qu'ils . . . .

g.   « J'aurai acheté une maison d'ici trois ans. »

→   Maryse t'a raconté qu'elle . . . .

h.   « On sera sorti de la crise dès que les Français auront recommencé à consommer. »

→   Le candidat à la présidence a garanti qu'on . . . .

194 Reconstituez les phrases suivantes (plusieurs réponses possibles).

a.   Ils savaient

b.   Elle ne se doutait pas en montant dans le train

c.   Nous imaginions

d.   Sylvie et Laurent ne croyaient pas ———▶

e.   Vous espériez

f.   Il n'avait pas prévu

g.   Personne ne se doutait

h.   Le jour de ton mariage, nous pensions

1.   que les films sélectionnés pour le festiva seraient meilleurs.

2.   que tu arriverais à l'heure.

3.   que nous accepterions vos conditions et vou aviez raison.

4.   que vous vous cacheriez dans ce placard.

5.   que sa mère serait déjà partie.

6.   que leur fils deviendrait champion du monde.

7.   que le voyage serait si long.

8.   que la journée passerait si vite.

Bilan

195 Mettez les verbes entre parenthèses à la forme qui convient.

Si Marie avait fermé sa fenêtre cinq minutes plus tôt, le cours de sa vie (changer)
. . . . *(a) Elle (voir)* . . . . *(b) le cambrioleur qui (rôder)*
. . . . *(c) en bas de chez elle. Elle (appeler)* . . . . *(d) la police ou*
elle (hurler) . . . . *(e) Les gens (intervenir)* . . . . *(f), (faire)* . . . . . .
. . . . *(g) quelque chose. En tout cas, elle (ne pas se faire)* . . . . *(h)*
voler sa voiture. Elle (arriver) . . . . *(i) à l'heure à la gare le lendemain matin et*
Maxime (ne pas avoir à attendre) . . . . *(j) Joséphine (ne pas le croiser)* . . . .
. . . . *(k) et (ne pas venir)* . . . . *(l) demander du feu au jeune homme*
qui (ne pas savoir) . . . . *(m) qu'elle (exister)* . . . . *(n) Ils (ne pas*
constater) . . . . *(o) qu'ils (lire)* . . . . *(p) tous deux le même*
roman et qu'ils (partager) . . . . *(q) la même passion pour la littérature russe.*
Ils (ne pas engager) . . . . *(r) la conversation et (ne pas se donner)*
. . . . *(s) rendez-vous pour le lendemain soir. Si elle (fermer)*
. . . . *(t) sa fenêtre cinq minutes plus tôt, nous (ne pas assister)*
. . . . *(u) sans doute aujourd'hui au mariage de Maxime et de Joséphine et pro-*
bablement ce (être) . . . . *(v) Marie qui (épouser)* . . . . *(w)*
Maxime.

VIII. LE SUBJONCTIF

Il ne faut point se moquer des chiens que* l'on ne soit hors du village.

A. LE SUBJONCTIF PRÉSENT

196 Mettez ces verbes à la troisième personne du pluriel du présent de l'indicatif puis a▮ subjonctif présent à la personne indiquée.

> *Exemple :* Vous grandissez. → *Ils grandissent.*
>
> → Que *vous grandissiez.*

a. Tu pars. → . . . .

b. Elle commence. → . . . .

c. Vous dormez. → . . . .

d. Je réponds. → . . . .

e. On réussit. → . . . .

f. Je déménage. → . . . .

g. Nous écrivons. → . . . .

h. Tu connais. → . . . .

197 Donnez la première personne du singulier et du pluriel au subjonctif présent pour le▮ verbes suivants.

> *Exemple :* Boire → Que *je boive.*
>
> → Que *nous buvions.*

a. Comprendre → . . . .

b. Voir → . . . .

c. Croire → . . . .

d. Tenir → . . . .

e. Venir → . . . .

f. Prendre → . . . .

g. Envoyer → . . . .

h. Jeter → . . . .

* Que = avant que.

198 Écrivez les verbes en gras à l'infinitif.

Exemple : Il faut qu'elle **sache** conduire. → *savoir*

a. J'aimerais que vous **soyez** à l'heure. → . . . .

b. Nous craignons qu'elle n'**aille** pas beaucoup mieux. → . . . .

c. Vous n'êtes pas certains qu'ils **veuillent** venir ? → . . . .

d. Il se peut que ce voyage en **vaille** la peine. → . . . .

e. Sa mère souhaite qu'il **fasse** un sport d'équipe. → . . . .

f. Je ne pense pas qu'il **pleuve** aujourd'hui. → . . . .

g. Il est important que tu **aies** de bons résultats en classe. → . . . .

h. Elles n'iront pas à Paris à moins qu'il ne le **faille** absolument. → . . . .

199 Exprimez des ordres. Faites des phrases sur le modèle donné.

Exemple : Ils doivent partir.
→ *Qu'ils partent !*

a. Elle doit sortir.

→ . . . .

b. Il doit prendre la voiture.

→ . . . .

c. Elles doivent aller au Louvre.

→ . . . .

d. Ils doivent faire des courses.

→ . . . .

e. Elle doit prévenir ses parents.

→ . . . .

f. Il doit être plus raisonnable.

→ . . . .

g. Elles doivent avoir leur propre appartement.

→ . . . .

h. Il doit savoir ce qu'on pense de lui.

→ . . . .

200 Donnez le pluriel des verbes au subjonctif.

Exemple : Je préférerais que tu dormes.
→ Je préférerais que *vous dormiez*.

a. Elle craint que je ne prenne froid.

→ . . . .

b. Ils souhaitent que tu vendes ta voiture.

→ . . . .

c. J'ai peur qu'elle ne vienne pas nous voir.

→ . . . .

d. On regrette que tu n'ailles pas à Rome cet été.

→ . . . .

e.   Que j'apprenne l'allemand, c'est important.

→   . . . .

f.   Il serait préférable que tu poursuives des études.

→   . . . .

g.   Quoi que je dise, il n'est jamais d'accord.

→   . . . .

h.   Je t'accompagnerai partout pour peu que tu le veuilles.

→   . . . .

201   **Faites des phrases à partir des éléments donnés.**

Exemple :   Tu peux partir ; on le souhaite.

→ ***On souhaite que tu puisses partir.***

a.   Elle lui doit de l'argent ; je ne le crois pas.

→   . . . .

b.   Les adolescents veulent sortir entre eux ; c'est normal.

→   . . . .

c.   Tu n'es pas en forme ; c'est dommage.

→   . . . .

d.   Tu as un passeport ; c'est préférable.

→   . . . .

e.   Vous ne pouvez pas vous libérer ; on le regrette.

→   . . . .

f.   Il fera beau ; nous le souhaitons tous.

→   . . . .

g.   Elles savent parler italien ; j'en suis heureux.

→   . . . .

h.   Vous avez beaucoup de travail ; je m'en étonne.

→   . . . .

B- LE SUBJONCTIF PASSÉ

202   **Assemblez les éléments suivants pour obtenir des phrases.**

a. Le président n'admet pas que ses employés	1. aies fini cette toile avant l'été.
b. Quoi que tu	2. ayez posté cette lettre avant ce soir.
c. On craignait qu'il ————————▶	3. n'ait gelé pendant la nuit.
d. Il faudrait que tu	4. aie réussi à l'examen du permis de conduire.
e. Pourvu qu'elle	5. ayons obtenu plusieurs diplômes, nous n'avon pas d'emploi.
f. Bien que nous	6. n'ait pas perdu son portefeuille.
g. Il est impératif que vous	7. aies fait, je ne t'en veux pas.
h. Ils sont contents que j'	8. aient refusé ses propositions.

203 Complétez les verbes suivants au subjonctif passé par l'auxiliaire *être* au subjonctif présent.

Exemple : On aurait préféré que tu **sois** venu en train.

a. Quoique vous . . . . partie avant nous, nous sommes arrivés les premiers.

b. Je crains qu'il ne lui . . . . arrivé quelque chose !

c. Ils auraient souhaité que je . . . . devenu une personnalité.

d. Il aurait fallu que nous . . . . tombés bien bas !

e. On regrette qu'elles . . . . nées en hiver.

f. Quoique tu . . . . allé au bout du monde, je te trouve assez nul en géographie.

g. Qu'on . . . . descendu en train ou en avion, ça n'aurait pas changé grand-chose !

h. Que vous . . . . entrés par la fenêtre, je n'arrive pas à y croire.

204 Donnez le subjonctif passé de ces verbes.

Exemple : Que j'apprenne. → Que **j'aie appris**.

a. Que tu boives. → . . . .

b. Qu'ils aient. → . . . .

c. Que vous alliez. → . . . .

d. Qu'on finisse. → . . . .

e. Que nous soyons. → . . . .

f. Que je veuille. → . . . .

g. Qu'il pleuve. → . . . .

h. Qu'elles sachent. → . . . .

205 Complétez les phrases suivantes par le verbe entre parenthèses au subjonctif passé.

Exemple : Étonnant qu'elle ne **soit** pas **rentrée**, à moins qu'elle n'**ait fait** des courses sur le chemin. (rentrer/faire)

a. En attendant qu'elle . . . . il descendit prendre un café. (revenir)

b. Pour peu qu'il y . . . . des embouteillages, son retard ne semblait pas anormal. (avoir)

c. Pourtant la soirée d'hier s'était mal passée ; sans qu'ils . . . . vraiment . . . . , le climat avait été tendu. (se disputer)

d. En admettant qu'elle . . . . fâchée, était-ce une raison pour le laisser sans nouvelles ? (être)

e. Si mal qu'elle . . . . prendre sa remarque, cela restait sans gravité. (pouvoir)

f. Avant qu'il n' . . . . son café, il la vit avancer sur le trottoir opposé. (boire)

g. Elle était toujours aussi jolie, bien qu'elle . . . . la quarantaine et qu'elle . . . . ses trois enfants. (dépasser/élever).

h. Pourvu qu'elle n' . . . . rien . . . . pour la soirée ! Il se ferait un plaisir de l'emmener au restaurant. (prévoir)

206 Exprimez l'antériorité. Terminez ces phrases en mettant le verbe donné au subjoncti[f] passé.

Exemple : Il serait bien possible qu'elle *ait oublié notre rendez-vous*. (oublier)

a. Tu regrettes que ton fils . . . . (partir

b. On ne voudrait pas que vous . . . . (arriver

c. Le directeur a exigé que nous . . . . (terminer

d. Je craignais qu'ils n' . . . . (avoir

e. Hélène est très surprise que tu . . . . (prendre

f. On aurait aimé que la France . . . . (devenir

g. Tu ne crois pas qu'ils . . . . (pouvoir

h. Ses parents n'ont jamais accepté qu'il . . . . (arrêter

207 Exprimez des regrets sur la France actuelle. Utilisez les expressions suivantes : *Il es[t] regrettable/dommage/triste/consternant/désolant/attristant que...*

Exemple : Les campagnes se sont désertifiées.

→ *Il est regrettable que les campagnes se soient désertifiées.*

a. Le chômage a augmenté parmi les jeunes.

→ . . . .

b. L'âge de la retraite a reculé.

→ . . . .

c. Les naissances ont régressé.

→ . . . .

d. Les impôts ont été majorés.

→ . . . .

e. La pauvreté s'est aggravée.

→ . . . .

f. Les écarts de revenus se sont creusés.

→ . . . .

g. L'inégalité s'est accentuée.

→ . . . .

h. Les difficultés ont persisté.

→ . . . .

208 Soyez maintenant positif sur l'état de l'Hexagone aujourd'hui. Faites des phrases e[n] employant *Il est bon/heureux/rassurant/réconfortant/appréciable/juste que...*

Exemple : Les femmes ont obtenu plus de droits.

→ *Il est juste que les femmes aient obtenu plus de droits.*

a. Les jeunes ont acquis davantage de libertés.

→ . . . .

b. L'habitat s'est amélioré.

→ . . . .

c. Le pouvoir d'achat s'est accru.

→ . . . .

d. On a développé une politique de loisirs.

→ . . . .

e. La médecine a progressé.

→ . . . .

f. Les Français ont découvert la solidarité.

→ . . . .

g. Les exportations ont augmenté.

→ . . . .

h. La durée de vie s'est allongée.

→ . . . .

C. VALEURS ET EMPLOIS

209 **Cherchez dans les premiers exercices de ce chapitre dix verbes suivis du subjonctif. Soulignez-les dans cette liste.**

Dire - vouloir - souhaiter - craindre - espérer - organiser - pouvoir - falloir - devoir - préférer - regretter - demander - proposer - ajouter - s'étonner - aimer.

210 **Dans cette liste, soulignez les dix locutions suivies du subjonctif.**

Parce que - quoique - alors que - sans que - afin que - pendant que - bien que - pour peu que - si bien que - pourvu que - avant que - sitôt que - depuis que - tant que - après que - par peur que - non que - jusqu'à ce que.

211 **Indiquez si ces phrases expriment le regret (R), l'obligation (O), le souhait (S), l'hypothèse (H) ou le doute (D).**
Exemple : Que tu aies échoué, ce n'est pas certain. **(D)**

a. Il se pourrait qu'ils aient déjà dîné. (   )

b. Qu'elle se soit fait une entorse, c'est vraiment dommage. (   )

c. Je ne suis pas certaine que tu aies bien fermé ta portière. (   )

d. Pourvu que nous passions de bonnes vacances ! (   )

e. Ton professeur exige que tu fasses trente minutes de piano par jour. (   )

f. Monique et Jean tiennent à ce qu'on aille dîner chez eux cette semaine. (   )

g. On préférerait que vous restiez quelques jours de plus. (   )

h. Tu n'es pas sûr qu'ils aient accepté ta proposition ? (   )

212 Réunissez les éléments suivants pour faire des phrases puis indiquez leur valeur :
le but *(B)*, la concession *(Conc)*, la cause *(Cau)*, la condition *(Cond)*.

a. Le client a signé l'affaire

b. Pour peu qu'ils aient trouvé un hôtel

c. Nous partons faire une promenade à bicyclette

d. Ce n'est pas qu'ils manquent d'argent

e. Nous gardons ta clé ————————→

f. Claude acceptera ce travail

g. À moins qu'ils n'aient oublié

h. Je t'ai noté leur adresse

1. ils passeront quelques jours à Toulouse. ( )

2. mais ils vivent chichement. ( )

3. de peur que tu ne la perdes. ( )

4. encore que vous lui laissiez peu de temps. ( )

5. de sorte que tu n'aies pas à te déranger. *(B)*

6. je ne comprends pas leur retard. ( )

7. bien que le ciel soit couvert. ( )

8. sans qu'on soit allé le voir. ( )

213 Faites des phrases exprimant des sentiments ou des opinions sur des faits passés.

Exemple : Suzanne est passée me voir. J'en suis contente.

→ ***Je suis contente que Suzanne soit passée me voir.***

a. Nous avons discuté une petite heure. Ça me fait plaisir.

→ . . . .

b. Elle a déménagé le mois dernier. J'en suis heureuse.

→ . . . .

c. Ses amis ne l'ont pas aidée à déménager. Je m'en étonne.

→ . . . .

d. Ils ne se sont pas manifestés depuis son déménagement. Je trouve ça bizarre.

→ . . . .

e. Elle a décidé de reprendre ses études de philosophie. J'en suis ravie.

→ . . . .

f. Je lui ai raconté mon dernier voyage au Maroc. Elle n'en est pas mécontente.

→ . . . .

g. Je lui ai rapporté un petit bracelet. Ça l'a touchée.

→ . . . .

h. Elle n'est pas restée pour dîner. J'en suis triste.

→ . . . .

214 Faites des réponses négatives en gardant une part d'incertitude.

Exemple : Pensez-vous qu'ils viendront ?

→ ***Je ne sais pas mais je ne pense pas qu'ils viennent.***

a. Crois-tu qu'il fera froid au Portugal en février ?

→ . . . .

b. A-t-elle l'impression que j'ai progressé ?

→ . . . .

c. Catherine est sûre que son directeur veut la voir ?

→ . . . .

d. Vous trouvez que le Nord est une belle région ?

→ ....

e. Il te semble que leur situation s'est améliorée ?

→ ....

f. Jeanne pense qu'ils se plairont dans les Pyrénées ?

→ ....

g. Vous êtes certaine qu'ils ont écrit ?

→ ....

h. Tu es convaincu qu'on fait le pont de l'Ascension ?

→ ....

215 Formulez des opinions à partir des éléments fournis. Utilisez deux sujets différents et le subjonctif.

Exemple : On a allégé les programmes scolaires. (déplorer)

→ ***Certains parents déplorent qu'on ait allégé les programmes scolaires.***

a. Les écoliers n'ont plus de devoirs à la maison. (se féliciter)

→ ....

b. Le latin n'est plus enseigné dès la classe de sixième. (se plaindre)

→ ....

c. Les congés d'été pourraient être écourtés. (ne pas accepter)

→ ....

d. L'enseignement des langues prend de plus en plus d'importance. (se réjouir)

→ ....

e. L'éducation civique est à nouveau enseignée. (comprendre)

→ ....

f. Les activités d'éveil ont pris davantage d'importance. (être normal)

→ ....

g. La semaine scolaire pourrait être concentrée sur quatre jours. (regretter)

→ ....

h. Les enseignants sont trop souvent mal considérés. (ne pas admettre)

→ ....

216 Terminez ces phrases en mettant le verbe donné entre parenthèses au subjonctif.

Exemple : Je retrouverai Sandrine avec plaisir à moins qu'***elle n'ait beaucoup changé***. (changer)

a. Si intelligent qu' ...., je savais qu'il ne ferait pas mieux que toi ! (être)

b. Notre séjour dans le Péloponnèse s'est bien passé encore qu' .... (faire)

c. En attendant que ...., venez donc à la maison. (trouver)

d. Vous passerez au commissariat de police en admettant que .... (perdre)

e. Ils n'arriveront que dans la nuit pour peu qu' .... (rater)

f. Ce n'est pas que ...., mais il m'a un peu déçu. (manquer)

g. Pourvu que ....! (apprendre)

h. Elle m'a semblé moins belle que dans ses films, encore que .... (voir)

217 Émettez des hypothèses à partir des situations suivantes en employant : *il se peut que, il est possible que, en admettant que, à supposer que...*

Exemple : Il ne reste plus rien sur votre compte en banque.

→ ***Il se peut que mon mari m'ait préparé une surprise.***

a. Le directeur du collège vous avertit que votre fils n'est pas allé en cours.

→ . . . .

b. Le fleuriste vous livre une magnifique gerbe de fleurs mais vous n'en connaissez pas la provenance.

→ . . . .

c. Vous achetez un billet de Loto et vous vous permettez de rêver un peu.

→ . . . .

d. En rangeant le grenier de votre grand-mère, vous découvrez une somptueuse robe de bal.

→ . . . .

e. Vous recevez une lettre anonyme peu sympathique.

→ . . . .

f. En écoutant votre répondeur téléphonique, vous apprenez qu'une personne brûle d'un amour immense pour vous.

→ . . . .

g. Vous rentrez de week-end ; votre appartement a été « visité » mais rien n'a disparu.

→ . . . .

h. En pleine nuit, vous êtes éveillé par un bruit terrible.

→ . . . .

218 Utilisez le subjonctif pour souligner la singularité d'un fait.

Exemple : Je suis sûre d'une chose : elle habite à Aix. (seul)

→ ***La seule chose dont je sois sûre c'est qu'elle habite à Aix.***

a. En arrivant, nous avons bu un grand verre d'eau fraîche. (premier)

→ . . . .

b. Tu as appris une chose : il ne faut pas trop compter sur les autres. (meilleur)

→ . . . .

c. Vous avez un défaut : vous êtes égoïste. (principal)

→ . . . .

d. J'ai un regret : nous n'avons pas voyagé étant jeunes. (unique)

→ . . . .

e. Il y a une chose à ne pas faire : vous décourager. (dernier)

→ . . . .

f. Ils ont un souci : leur fils doit s'en sortir. (unique)

→ . . . .

g. J'ai une préoccupation : arriverons-nous à revendre notre appartement ? (majeur)

→ . . . .

h. Elle a trouvé une solution : elle ira vivre quelque temps chez ses amis. (seul)

→ . . . .

219 Utilisez le subjonctif avec des superlatifs.

Exemple : Laurent a lu un très bon roman, *Le Testament français.*
→ **« Le Testament français », c'est le meilleur roman que Laurent ait lu.**

a. On a visité le Louvre, un très grand musée.

→ ....

b. Elles sont montées au sommet de la tour Eiffel. Elle est très haute.

→ ....

c. Vous avez dîné à *La Tour d'Argent* ! C'est un restaurant très cher.

→ ....

d. *Les Trois Gros*, vous connaissez ! C'est une très bonne table.

→ ....

e. J'ai vu jouer Gérard Depardieu. C'est un acteur très connu.

→ ....

f. Nous nous sommes promenés sur les Champs-Élysées. C'est une avenue très large.

→ ....

g. Tu as vu les arènes de Lutèce. Ce sont des vestiges très anciens.

→ ....

h. Le baron Bic, j'ai entendu parler de lui ; il est très riche.

→ ....

Bilan

220 **Mettez les verbes entre parenthèses à la forme qui convient.**

Ma chère Hélène, mon cher Damien,

Il est possible que vous (avoir) . . . . (a) quelques difficultés à trouver un appartement lors de votre arrivée à Lyon ; aussi voici quelques conseils : Il faudrait que vous (aller) . . . . (b) dans le centre où sont installées de nombreuses agences immobilières. Afin que vous (pouvoir) . . . . (c) comparer les offres, je vous conseille d'en visiter plusieurs. Je ne pense pas que certaines (être) . . . . (d) meilleures que d'autres, donc allez-y au hasard. À supposer que vous (ne rien trouver) . . . . (e) dans ces agences, je suggère que vous (consulter) . . . . (f) les journaux de petites annonces. Il serait surprenant qu'il (ne pas y en avoir) . . . . (g) chez les petits commerçants du quartier. Il arrive souvent que des offres très intéressantes y (proposer) . . . . (h) Il me semblerait judicieux que vous les (regarder) . . . . (i) dès leur parution : vous aurez ainsi davantage de chances que les appartements mentionnés (être) . . . . (j) encore vacants.

Quels que (être) . . . . (k) les appartements que vous visiterez il est essentiel que vous (se munir) . . . . (l) de vos contrats de travail et de vos fiches de salaire afin que le propriétaire (pouvoir) . . . . (m) les voir et (être) . . . . (n) rassuré sur votre situation financière. Il est possible aussi qu'une garantie vous (demander) . . . . (o)

Je souhaite que ces conseils (faciliter) . . . . (p) vos recherches et que vous (trouver) . . . . (q) un logement agréable. Je ne crois pas que mon stage me (retenir) . . . . (r) au-delà de Noël, aussi vous reverrai-je dans deux mois. Je suis très contente que vous (avoir) . . . . (s) l'idée de vous installer à Lyon et je ne doute pas un instant que vous (s'y plaire) . . . .(t)

Je vous embrasse tous les deux.

Brigitte

PS : J'aimerais que vous m'(envoyer) . . . . (u) un petit mot dès que vous serez installés.

IX. LE PASSIF

Paris ne s'est pas fait en un jour.

A. LE PASSIF AVEC L'INDICATIF. VALEURS ET EMPLOIS

221 Soulignez les verbes au passif.

Exemples : Nos parents sont sortis.
Vous <u>êtes attendus</u>.

a. Les boutiques sont fermées.
b. Nous serons reçus lundi dans la matinée.
c. Le chien s'est échappé.
d. Ils sont gardés à la maison.
e. Nos amis étaient descendus à l'hôtel Carillon.
f. *La Tour d'Argent* est reconnue comme un des meilleurs restaurants de Paris.
g. Nous serions invités chez *Maxim's*.
h. Se seraient-ils trompés de date ?

222 Remettez ces phrases à la voie active. Attention à l'emploi des temps.

Exemple : Les touristes seront accueillis par une hôtesse.
→ *Une hôtesse accueillera les touristes.*

a. Les billets d'avion seront remis par le personnel de l'aéroport.
→ ....
b. Les passagers seront invités par le steward à embarquer aux environs de 10 heures.
→ ....
c. Un repas sera servi par le personnel navigant.
→ ....
d. L'arrivée à Damas est prévue par le pilote aux environs de 17 heures.
→ ....
e. Les touristes pourront consulter des brochures ; nous rappelons qu'un guide a été distribué par notre agence lors des inscriptions.
→ ....
f. Les adresses des différents hôtels sont indiquées par ce livret.
→ ....
g. Un merveilleux séjour vous est souhaité par la direction de France Tour.
→ ....
h. Le programme des prochaines destinations vous sera adressé dès votre retour par la direction.
→ ....

223 Écrivez ces phrases au passif. Respectez l'emploi des temps.

Exemple : La direction a accordé une prime de fin d'année aux employés.

→ *Une prime de fin d'année a été accordée par la direction aux employés.*

a. Les salariés éliront leur délégué en mars prochain.

→ . . . .

b. Le directeur des ressources humaines a engagé une nouvelle assistante.

→ . . . .

c. L'ancienne avait envoyé sa lettre de démission en octobre dernier.

→ . . . .

d. Les représentants syndicaux négocieront bientôt une augmentation salariale.

→ . . . .

e. Le président a réuni le conseil d'administration.

→ . . . .

f. Le directeur de la communication met en place une nouvelle campagne d'information.

→ . . . .

g. Mmes Vial, Pinchon et Bidochon demandent leur départ en retraite.

→ . . . .

h. La direction acceptera probablement la demande de congé sabbatique de Mlle Mispouillé.

→ . . . .

224 Réécrivez ces phrases à la voie active lorsque c'est possible.

Exemples : La projection du film a été annulée par le directeur.

→ *Le directeur a annulé la projection du film.*

Ces gants ont été trouvés dans le bus.

→ *On a trouvé des gants dans le bus.*

Les élèves seront passés dans la classe supérieure. *(impossible)*

a. Nous étions montés au sommet de l'arc de Triomphe.

→ . . . .

b. Le rendez-vous aura été annulé.

→ . . . .

c. Les étudiants auront été convoqués pour les examens avant la fin des cours.

→ . . . .

d. Le film avait été précédé d'un documentaire.

→ . . . .

e. Une grande femme rousse serait venue dans le quartier.

→ . . . .

f. La façade sera restaurée avant la fin de l'année par l'entreprise Beaulieu.

→ . . . .

g. Des récompenses seront distribuées par les organisateurs du tournoi.

→ . . . .

h. Le nom du vainqueur a enfin été communiqué.

→ . . . .

225 Écrivez ces phrases à la voie active en utilisant *on*.

Exemple : Un trousseau de clés a été égaré dans le tramway.

→ ***On a égaré un trousseau de clés dans le tramway.***

a. Une caution sera versée un mois avant la signature.

→ ....

b. Une lettre de candidature avait été reçue la veille.

→ ....

c. Des dossiers ont été classés ce matin même.

→ ....

d. Un formulaire sera remis au secrétariat.

→ ....

e. Une enquête sur la consommation a été menée le trimestre passé.

→ ....

f. Une autorisation de sortie avait été délivrée en mairie.

→ ....

g. Des sondages seront effectués dans la rue.

→ ....

h. La liste des candidats sera connue dès la semaine prochaine.

→ ....

226 Répondez aux questions suivantes par la voie passive.

Exemple : Vous pourrez corriger cette lettre ?

→ ***Oui, cette lettre pourra être corrigée.***

a. On a pu expédier ce courrier ?

→ Oui, ...

b. On devra envoyer ces plis en express ?

→ Non, ...

c. Vous allez revoir ce dossier ?

→ Oui, ...

d. On risque de changer certaines clauses à ce contrat ?

→ Oui, ...

e. Vous venez d'enregistrer ces données ?

→ Non, ...

f. On peut taper le compte rendu ?

→ Non, ...

g. Nous devons informer les clients ?

→ Non, ...

h. On va abandonner l'affaire ?

→ Oui, ...

227 Répondez librement par des phrases passives lorsque c'est possible.

Exemples : Vous souhaitez louer une voiture ? *(impossible)*

On peut trouver cette rue facilement ?

→ *Oui, cette rue peut être trouvée facilement.*

a. Vous envisagez de prendre le train ?

→ ....

b. Ils vont réserver trois places dans l'avion de 13 h 25 ?

→ ....

c. Vous voulez occuper une place fumeur ?

→ ....

d. On vient d'annuler mon départ ?

→ ....

e. Va-t-on vérifier les numéros de nos places ?

→ ....

f. Elle a choisi d'avancer la date de son retour ?

→ ....

g. Nous avons pu garer la voiture devant l'aéroport ?

→ ....

h. On venait de retarder notre voyage d'affaires ?

→ ....

228 Lisez ces titres puis écrivez des phrases s'y rapportant au passif.

Exemple : Vol de bijoux d'une valeur inestimable dans un hôtel particulier du Marais.

→ *Des bijoux d'une valeur inestimable ont été volés dans un hôtel particulier du Marais.*

a. Dimanche prochain : dispute de la coupe du Monde de football.

→ ....

b. Enlèvement du petit-fils du président ; demande d'une forte rançon.

→ ....

c. Débats à l'Assemblée nationale du projet de loi sur le code de la nationalité.

→ ....

d. Achat par la Corée du brevet TGV.

→ ....

e. Aménagement du quartier Austerlitz.

→ ....

f. Ouverture d'une nouvelle ligne de RER au printemps prochain.

→ ....

g. Inauguration du parc Gustave-Eiffel.

→ ....

h. Réduction des taux d'intérêt pour le trimestre prochain.

→ ....

229 Employez le passif pour conserver l'anonymat et répondez par la négative.

Exemple : Vous prendrez une décision sans eux ?

→ *Non, aucune décision ne sera prise sans eux.*

a. On a conclu cette affaire ?

→ . . . .

b. Vous aviez signé le contrat d'embauche ?

→ . . . .

c. Ils auront négocié les conditions et les tarifs ?

→ . . . .

d. On retirera ces clauses de l'accord ?

→ . . . .

e. Vous envisagez une nouvelle entrevue ?

→ . . . .

f. Elle avait vérifié les garanties ?

→ . . . .

g. On peut mettre en route la procédure ?

→ . . . .

h. Nous devrons avertir nos associés ?

→ . . . .

230 Utilisez le passif pour mettre en relief le complément.

Exemple : Ils ont choisi une salle ?

→ *Oui, c'est la salle qui a été choisie.*

a. Vous distribuerez des documents ?

→ . . . .

b. On a élu un secrétaire général ?

→ . . . .

c. Elle a réservé une chambre ?

→ . . . .

d. Vous enregistrerez cette intervention ?

→ . . . .

e. Tu préparais des discours pour les assemblées ?

→ . . . .

f. J'aurai tapé ce texte avant midi ?

→ . . . .

g. Ils emportèrent leurs effets personnels ?

→ . . . .

h. Vous aviez accueilli ce diplomate japonais ?

→ . . . .

B. LE PASSIF AVEC LE CONDITIONNEL ET LE SUBJONCTIF

231 Réécrivez une phrase ayant le même sens.

Exemples : Nous pourrions être réunis. → ***On pourrait nous réunir.***

On nous aurait invités. → ***Nous aurions été invités.***

a. On devrait être conduits à la mairie.

→ . . . .

b. Elle serait comblée de cadeaux.

→ . . . .

c. Vous auriez été prévenus de leur mariage.

→ . . . .

d. On aurait réuni vos amis.

→ . . . .

e. Tu aurais été entouré de toute ta famille.

→ . . . .

f. On aurait averti mes parents.

→ . . . .

g. Nous enverrions des cartons d'invitation.

→ . . . .

h. On aurait organisé une grande réception.

→ . . . .

232 Cochez la ou les bonne(s) réponse(s).

Exemple : Ce film intéresserait des adolescents ?

Non, des adolescents . . . par ce film.

1. ☐ ne pourront pas être intéressés   2. ☒ <u>ne seraient pas intéressés</u>

3. ☒ <u>ne pourraient pas être intéressés</u>

a. Ils auraient reçu ce courrier à temps ?

Oui, ce courrier . . . juste avant la conférence.

1. ☐ aurait été reçu   2. ☐ avait été reçu   3. ☐ serait reçu

b. Reliriez-vous ces épreuves une dernière fois ?

Non, ces épreuves . . . , par manque de personnel.

1. ☐ n'auraient pas été relues   2. ☐ ne seront pas relues   3. ☐ ne pourraient pas être relues

c. Présenterais-tu ces données sous forme de tableau ?

Non, ces données . . . sous forme de courbes.

1. ☐ pourraient avoir été présentées   2. ☐ pourraient être présentées   3. ☐ pouvaient être présentées

d. Aurait-elle dû recontacter ces clients ?

Oui, ces clients . . . sous huitaine.

1. ☐ devraient être recontactés   2. ☐ devaient avoir été recontactés   3. ☐ auraient dû être recontactés

e. Vous auriez réservé une table pour quatre ?

Oui, une table . . . lundi dernier.

1. ☐ aura été réservée   2. ☐ serait réservée   3. ☐ aurait été réservée

f. Ils auraient retenu deux chambres ?

Non, trois chambres . . . au nom de Dufour.

1. ☐ auraient dû être retenues   2. ☐ seront retenues   3. ☐ devraient avoir été retenues

g. Quelqu'un noterait ce numéro ?

Oui, ce numéro . . . sur le dossier correspondant.

1. ☐ serait noté   2. ☐ aurait été noté   3. ☐ pourrait être noté

h. Elle aurait pris ce rendez-vous ?

Non, ce rendez-vous . . . , je suis en déplacement.

1. ☐ n'aurait pas été pris   2. ☐ n'aurait pas dû être pris   3. ☐ ne serait pas pris

233 **Répondez à partir des éléments donnés par le passif du subjonctif présent.**

Exemple : Que vouliez-vous qu'on fasse ... de la voiture ? (garer)

→ *J'aurais aimé qu'elle soit mieux garée.*

a. des enfants ? (surveiller)

→ . . . .

b. de la maison ? (entretenir)

→ . . . .

c. de cette commode ? (restaurer)

→ . . . .

d. de votre famille ? (entourer)

→ . . . .

e. de vos amis ? (recevoir)

→ . . . .

f. de vos plantes ? (arroser)

→ . . . .

g. des outils ? (nettoyer)

→ . . . .

h. de votre bicyclette ? (réparer)

→ . . . .

234 **Cochez la forme verbale correcte.**

Exemple : Voudriez-vous être reçu par ce médecin ?

Oui, j'aimerais que ce médecin ...

1. ☐ m'ait reçu 2. ☒ me reçoive 3. ☐ me reçoit

a. Catherine a-t-elle peur d'avoir été suivie ?

Non, elle n'a pas peur qu'on . . .

1. ☐ l'a suivie 2. ☐ la suive 3. ☐ l'ait suivie

b. Patrick pense-t-il être entendu par le juge ?

Oui, il pense que le juge l'...

1. ☐ entendra   2. ☐ ait entendu   3. ☐ entende

c. Elle aurait préféré être licenciée ?

Non, elle n'aurait pas aimé qu'on ...

1. ☐ l'ait licenciée   2. ☐ l'a licenciée   3. ☐ la licencie

d. Êtes-vous tristes de terminer ce stage ?

Non, nous sommes soulagés que ce stage ...

1. ☐ est terminé   2. ☐ soit terminé   3. ☐ se soit terminé

e. Vous croyez avoir été prévenus ?

Oui, je crois que nous ... par Maurice.

1. ☐ ayons été prévenus   2. ☐ soyons prévenus   3. ☐ avons été prévenus

f. Tes filles voudraient-elles être reconduites à la maison ?

Non, elles ne souhaitent pas qu'on ...

1. ☐ les reconduise   2. ☐ les reconduit   3. ☐ ait été reconduites

g. Michel regrette d'avoir été reconnu inapte ?

Non, il ne regrette pas qu'on ... inapte.

1. ☐ le reconnaisse   2. ☐ l'a reconnu   3. ☐ l'ait reconnu

h. Elles sont fières d'avoir été engagées pour cette mission ?

Oui, elle sont fières qu'on les ...

1. ☐ ait engagées   2. ☐ engage   3. ☐ a engagées

235 **Complétez les réponses en employant un subjonctif présent ou passé à la voie passive.**

Exemple : Vous craignez qu'on n'ait enlevé votre voiture ?

→ Oui, il se peut qu'elle *ait été enlevée*.

a. Vos parents souhaitent que ce photographe prenne des photos du mariage ?

→ Oui, ils tiennent à ce que les photos . . . .

b. Cet enseignant est heureux que ses étudiants aient obtenu de bons résultats au concours ?

→ Oui, il se réjouit que de bons résultats . . . .

c. Tu as l'impression qu'on a changé les freins de ta moto ?

→ Non, il ne me semble pas que les freins . . . .

d. De nos jours, il est important que les jeunes connaissent plusieurs langues vivantes ?

→ En effet, il est essentiel que plusieurs langues vivantes . . . .

e. Vous croyez qu'on restaure le château de Tourette ?

→ Non, je ne pense pas que ce château . . . .

f. Regrettez-vous qu'on ait organisé les élections du comité d'entreprise en votre absence ?

→ Cela m'est égal que les élections . . . .

g. Est-elle fâchée que les enfants aient dévoré toutes les fraises du jardin ?

→ Oui, elle regrette que toutes les fraises . . . .

h. Alice trouve-t-elle que vous louez votre appartement trop cher ?

→ Non, elle ne trouve pas que notre appartement . . . .

C. LE PASSIF AVEC *PAR* OU *DE*

236 Complétez les phrases suivantes avec *par, de* ou *d'* (parfois plusieurs possibilités).

Exemple :   Je savais qu'elle serait dévorée **de** remords.

a. Il ne faudrait pas que son père soit pris . . . un malaise.

b. Mme Bruant a été reçue . . . un secrétaire de mairie.

c. La mariée a été couverte . . . fleurs.

d. Cette vieille femme est détestée . . . son voisinage.

e. Mon chat a été retrouvé . . . le père Lustucru.

f. Le film *Le Huitième Jour* a été encensé . . . la critique.

g. Les récompenses du festival seront remises . . . le président du jury.

h. Les joueurs avaient été sélectionnés . . . les organisateurs du tournoi.

237 Assemblez les éléments suivants pour en faire des phrases (parfois plusieurs possibilités).

a. Nous avons été touchés		1. touristes polonais.
b. Son visage était baigné	de	2. un grand médecin.
c. Les malfaiteurs ont été arrêtés		3. ses élèves.
d. Les sommets sont couverts		4. larmes.
e. La voiture a été réparée		5. leur gentillesse.
f. Cet enseignant était adoré	par	6. ce mécanicien.
g. Son père a été soigné		7. la police.
h. Le train était rempli		8. neige.

238 Complétez les phrases suivantes avec *de* ou *par*.

Exemples : La place du village est envahie **de** forains.

La place du village est envahie **par** tous les forains venus pour la fête.

a. La souris a été dévorée . . . . . le chat.

b. Cette jeune femme sera dévorée . . . . . remords pour ce qu'elle a fait.

c. Nos amis ont été gênés . . . . . votre attitude.

d. La circulation est gênée . . . . . les travaux.

e. Ce coffret est rempli . . . . . les vieilles photos de nos grands-parents.

f. Martin est rempli . . . . . bonnes intentions.

g. Nous avons été surpris . . . . une forte averse.

h. Olivier sera sûrement surpris . . . . . votre refus.

239 Complétez les phrases suivantes.

Exemple :   M. Combes est venu, accompagné **de ses enfants**.

a. Cette émission a été présentée . . . .

b. Les Dubois étaient jalousés . . . .

c. La boulangerie avait été vendue . . . .

d. Nos cousins auraient été très peinés . . . .

e. Cette région est infestée . . . .

f. Il vaudrait mieux que leur jardin soit entouré . . . .

g. La projection du film sera suivie . . . .

h. Hélène a été très déçue . . . .

D. Les verbes pronominaux à sens passif

240 Soulignez les verbes à sens passif.

Exemples : Ils se sont vus hier pour la première fois.

Elle <u>s'est fait admettre</u> à Sciences Po.

a. Ce général s'est vu retirer ses médailles.

b. Mlle Tournemine s'est présentée au concours d'huissier.

c. Les Combes se sont retrouvés dans une petite auberge du Vieux Nice.

d. Antoine s'est laissé soigner sans pleurer.

e. M. Vallet s'est installé dans un gîte de haute montagne pour la semaine.

f. Martine s'est fait inviter au Festival de Cannes.

g. Les adversaires se sont serré la main.

h. Philippe s'est très bien tiré de cette affaire.

241 Transformez les phrases suivantes en employant des verbes pronominaux.

Exemple : La livre anglaise était vendue hier 8,30 francs.

→ La livre anglaise *se vendait* hier 8,30 francs.

a. Des informations contradictoires sont dites à propos de ce cas.

→ . . . .

b. De plus en plus de fast-food ont été ouverts dans les grandes villes.

→ . . . .

c. La reprise de l'industrie automobile sera confirmée dans les mois à venir.

→ . . . .

d. Le mot « clé » est écrit avec deux orthographes différentes.

→ . . . .

e. Le déjeuner sera souvent pris à l'extérieur.

→ . . . .

f. Certains services du Minitel sont obtenus en composant le 3615.

→ . . . .

g. Dans les prochaines années, l'usage de l'informatique sera répandu au niveau domestique.

→ . . . .

h. L'augmentation des loisirs est expliquée par la réduction du temps de travail.

→ . . . .

242 Faites des phrases à partir des éléments soulignés.

Exemple : <u>Mise</u> en place d'une nouvelle allocation vieillesse en janvier prochain.
→ Une nouvelle allocation vieillesse *se mettra* en place en janvier prochain.

a. <u>Vente aux enchères</u> d'œuvres inédites d'Albert Camus cette semaine.
→ . . . .

b. <u>Modernisation</u> de la galerie d'histoire naturelle en 1995.
→ . . . .

c. <u>Ouverture</u> de la Grande Bibliothèque au début 1997.
→ . . . .

d. Baisse de la <u>lecture</u> des journaux depuis le début de la décennie.
→ . . . .

e. <u>Création</u> d'un hôpital spécialisé pour les enfants l'année prochaine.
→ . . . .

f. <u>Multiplication</u> des crèches dans les dix années à venir.
→ . . . .

g. <u>Développement</u> des matières d'éveil dans l'enseignement primaire.
→ . . . .

h. <u>Déclaration</u> des revenus retardée d'un mois cette année.
→ . . . .

243 Réécrivez ces généralités en employant des verbes pronominaux.

Exemple : Il est de tradition que les fromages soient dégustés avec du vin rouge.
→ Il est de tradition que les fromages *se dégustent* avec du vin rouge.

a. Les Français seraient de plus en plus attachés à la famille.
→ . . . .

b. Les tendances des modes vestimentaires ont été adaptées au style de chacun.
→ . . . .

c. Il est important que le vin blanc soit servi frais.
→ . . . .

d. On mange la salade en même temps que le fromage.
→ . . . .

e. Depuis les années quatre-vingt, on porte les jupes à toutes les longueurs.
→ . . . .

f. Certains assurent que depuis dix ans le climat a été modifié.
→ . . . .

g. Un circuit de vente parallèle au commerce traditionnel aurait été développé dans les années quatre-vingt.
→ . . . .

h. Le réseau Internet sera de plus en plus utilisé dans les mois à venir.
→ . . . .

244 Que lui/leur arrive-t-il ? Répondez aux questions suivantes selon le modèle donné.

Exemple : Ta sœur s'est fait couper les cheveux ?

→ ***Oui, on lui a coupé les cheveux.***

a. Les Mispouillé se feront bientôt construire une piscine ?

→ . . . .

b. Cet automobiliste s'est vu retirer son permis de conduire ?

→ . . . .

c. Un escroc s'est laissé emmener au commissariat ?

→ . . . .

d. Geneviève se laissera convaincre de vendre son terrain ?

→ . . . .

e. Ce metteur en scène s'est entendu critiquer par la presse théâtrale ?

→ . . . .

f. La jeunesse s'est-elle laissé séduire par les propositions du ministre ?

→ . . . .

g. Cette chaîne de télévision se fera privatiser prochainement ?

→ . . . .

h. Les emprunts obligatoires se feront rembourser à partir du mois de juillet ?

→ . . . .

245 Transformez les phrases suivantes en employant *se faire* ou *se voir*.

Exemple : On réorganisera entièrement le quartier Austerlitz d'ici dix ans.

→ Le quartier Austerlitz ***se verra*** entièrement ***réorganisé*** d'ici dix ans.

→ Le quartier Austerlitz ***se fera*** entièrement ***réorganiser*** d'ici dix ans.

a. On relogera certains riverains.

→ . . . .

b. On a déjà aménagé les rives de la Seine.

→ . . . .

c. On a aussi expulsé des entreprises et des entrepôts commerciaux.

→ . . . .

d. On tracerait une prolongation de l'autoroute de l'Est.

→ . . . .

e. Il est possible qu'on destine des terrains à des espaces verts.

→ . . . .

f. On demande à la SNCF de modifier certaines voies ferrées.

→ . . . .

g. On pourrait également créer de nouvelles stations de métro.

→ . . . .

h. On pense que les urbanistes consulteront les habitants de ce nouveau quartier.

→ . . . .

B*ilan*

246 Réécrivez ce texte au passif.

Histoire du cimetière du Père-Lachaise.

On donna le nom du confesseur de Louis XIV à ce cimetière. Celui-ci avait embelli ce terrain que les Jésuites avaient acquis en 1626 ; il y avait notamment construit divers bâtiments.

Au début du XIXe siècle, la ville de Paris achètera ce domaine pour en faire un cimetière. L'architecte Brongniart, à qui on confiera la construction de la Bourse, dirige l'aménagement du parc.

À l'occasion de l'ouverture de ce cimetière, on organise une vaste opération de promotion : on y aurait déplacé les tombeaux supposés des malheureux amants Héloïse et Abélard ainsi que ceux de Molière et de Racine pour attirer la clientèle !

Ce même lieu a vu se dérouler un des plus sanglants épisodes de la Commune, le 28 mai 1871 : les derniers insurgés auront livré une lutte féroce contre les Versaillais. On fusillera les cent quarante-sept survivants contre le mur d'enceinte qu'on appelle aujourd'hui le mur des Fédérés.

Au hasard des allées ombragées, on peut découvrir des tombes célèbres comme celles de Balzac, d'Édith Piaf, de Georges Bizet ou de Jim Morrisson. On pourra également admirer la grande richesse de la statuaire du XIXe siècle.

X. LES CONSTRUCTIONS VERBALES

Quand on veut noyer son chien, on dit qu'il a la rage.

A. LES FORMES IMPERSONNELLES

247 Remplacez *il* par *elle* quand c'est possible puis soulignez les formes impersonnelles.

Exemples : Il a mal aux pieds. → ***Elle a mal aux pieds.***

<u>Il est tard</u>, on rentre !

a. Il y a un hôpital dans ce quartier ?

→ . . . .

b. Il va faire nuit alors il ne va pas tarder à rentrer.

→ . . . .

c. Il a un peu froid, mais c'est normal : il est 23 heures.

→ . . . .

d. Il fait jeune, il me semble !

→ . . . .

e. Il est tôt mais il est déjà là.

→ . . . .

f. Il y a une heure, il y a retrouvé Brigitte, dans ce parc.

→ . . . .

g. Il arrivera par le train de 22 h 30.

→ . . . .

h. Il faut lui laisser le temps de réfléchir.

→ . . . .

248 Reformulez ces phrases concernant la météo en employant des forme
impersonnelles.

Exemple : Le temps risque de se mettre à la pluie dimanche.

→ ***Il risque de pleuvoir dimanche.***

a. Le gel peut encore se manifester en avril.

→ . . . .

b. De petites pluies tomberont sur le nord de la Picardie.

→ . . . .

c. Quelques flocons feront leur apparition dans les Vosges.

→ . . . .

d. Les côtes bretonnes seront baignées de brume dans la matinée de lundi.

→ . . . .

e. Un vent violent soufflera sur la région Rhône-Alpes.

→ . . . .

f. Le soleil fera de brèves apparitions en Île-de-France dans la soirée de samedi.

→ . . . .

g. Le thermomètre avoisinera les 25°C à Menton.

→ . . . .

h. Les giboulées cesseront et le ciel s'éclaircira vers midi.

→ . . . .

249 **Transformez ces slogans et ces titres ; faites des phrases comprenant des verbes impersonnels.**

Exemples : Notre conseil : prendre la route avant 15 heures.

→ ***Il est conseillé de prendre la route avant 15 heures.***

Augmentation du nombre des naissances en 1996.

→ ***Il est né plus d'enfants en 1996.***

a. Une nécessité : contrôler régulièrement la qualité de l'air parisien.

→ . . . .

b. Jeunes gens de 18 ans : vous devez vous faire recenser !

→ . . . .

c. Diminution du nombre de morts sur la route au cours du premier trimestre.

→ . . . .

d. Un petit geste suffit pour sauver la vie d'un enfant.

→ . . . .

e. Déficit de 1 milliard dans le budget de l'État.

→ . . . .

f. Création de SOS Vieillesse pour lutter contre la ségrégation envers les personnes du troisième âge.

→ . . . .

g. Un accident peut toujours arriver ; assurez-vous.

→ . . . .

h. Un épicier existe près de chez vous ; ne l'oubliez pas !

→ . . . .

B. LES CONSTRUCTIONS VERBALES AVEC À ET DE

250 Complétez les phrases suivantes par *à* lorsque c'est nécessaire.

Exemple : On invite . . . François **à** passer la soirée chez nous.

a. Vous êtes conviés . . . dîner chez M. et Mme Buisson.

b. Nous avons renoncé très vite . . . étudier le chinois.

c. Vous devriez prévenir . . . vos locataires qu'ils doivent s'attendre . . . une légère augmentation des loyers.

d. Madeleine tient . . . se convertir . . . . la religion musulmane.

e. Cécile a averti . . . ses amis qu'elle aurait du mal . . . arriver avant 21 heures.

f. Notre voisine s'est enfin décidée . . . emprunter les transports en commun.

g. Tu dois faire confiance . . . ton médecin ; tu n'as rien . . . perdre.

h. J'ai incité . . . Véronique . . . voyager de nuit.

251 Complétez les phrases suivantes par *à* ou *de* lorsque c'est nécessaire.

Exemple : Je viens **de** prévenir . . . ma mère **de** mon prochain départ.

a. J'aimerais vous entretenir . . . votre fils quelques instants.

b. Auriez-vous un petit moment . . . me consacrer ?

c. Nous avons expliqué . . . nos amis ce que nous envisageons . . . faire.

d. Carole décide . . . se mettre . . . la gymnastique.

e. Il ne faut jamais obliger . . . un enfant . . . manger.

f. Ils tiennent absolument . . . s'occuper . . . notre installation.

g. Les Pello se sont plaints . . . la concierge . . . la fuite d'eau chez leurs voisins.

h. Je ne féliciterai pas . . . le plombier ; je ne suis pas du tout satisfaite . . . sa réparation.

252 Voici une liste de verbes et deux phrases. Remplacez les verbes de ces deux phrases par ceux de la liste puis classez-les en fonction de leur construction.

a. se méfier   b. s'attacher   c. penser   d. s'adresser   e. rire   f. se moquer   g. avoir peur
h. se souvenir   i. renoncer   j. s'adapter   k. se présenter   l. se soucier.

	Il s'intéresse **à** Marie.	Il s'occupe **de** Paul.
Exemple :		*Il se méfie de Paul.*
	à	de
	. . . .	. . . .
	. . . .	. . . .
	. . . .	. . . .
	. . . .	. . . .
	. . . .	. . . .
	. . . .	. . . .

253 Reliez les éléments suivants pour obtenir toutes les phrases possibles.

a. Nous avons besoin

b. Vous renoncez

c. Tu te consacres

d. Elle se plaint

e. J'apprends

f. On se décide

g. Ils ont peur

h. Tu fais attention

à

de

1. voyager.

2. ce projet.

3. Julie.

254 Rayez ce qui ne convient pas.

Exemple : On ne peut pas se passer (à/**de**) soleil !

a. Nous sommes en train de discuter (à/de) Jacques.

b. Prends garde (à/de) ce chien, il est méchant !

c. Tu te moques encore (à/de) Serge ? Moi, je le trouve sympa.

d. Je crois que vous êtes très attachés (à/de) cette maison.

e. Il se méfie terriblement (à/de) Mme Maréchal.

f. Vous ne tenez pas compte (à/de) ces informations.

g. On profite (à/de) votre venue pour aller au théâtre.

h. Comment vous êtes-vous adapté (à/de) cette entreprise ?

255 Complétez les phrases suivantes par un ou deux des éléments proposés.

Exemple : N'oubliez pas . . .

    1. ☐ à partir   2. ☒ de téléphoner   3. ☐ à Thomas

a. Réfléchissez . . .

1. ☐ à dormir   2. ☐ de répondre   3. ☐ à ma proposition

b. Il faut que vous pensiez . . .

1. ☐ à m'écrire   2. ☐ de voir ce film   3. ☐ à moi

c. Il vous suffit . . .

1. ☐ à réserver   2. ☐ de prendre la clé   3. ☐ d'une minute.

d. Dans cet article, il s'agit . . .

1. ☐ à Paris   2. ☐ de signer un accord   3. ☐ de la famine

e. Les jeunes se plaignent . . .

1. ☐ au système   2. ☐ de leur condition   3. ☐ de vivre en banlieue.

f. Lucie nous demande . . .

1. ☐ à la bibliothèque   2. ☐ de la retrouver   3. ☐ de professeur.

g. Nous avons envie . . .

1. ☐ à nous reposer   2. ☐ de sortir   3. ☐ de calme

h. Ils parlent . . .

1. ☐ à déménager   2. ☐ de démographie   3. ☐ de se marier.

256 **Complétez les phrases suivantes par** *à* **ou** *de*.

Exemple : Elle s'attend **à** ce qu'il fasse des progrès en italien.

a. Mireille est-elle consciente . . . . . tout ce que vous avez fait pour elle ?

b. Je ne me souviens pas . . . . . ce qu'elle ait travaillé chez Peugeot.

c. Réfléchis . . . . . ce que je t'ai dit.

d. Paul se moque complètement . . . . . ce que vous partiez sans lui.

e. La société s'engage . . . . . ce que les clients mécontents soient dédommagés.

f. J'ai très peur . . . . . ce que m'a prédit cette voyante.

g. Le comptable veille . . . . . ce que tout soit en ordre.

h. Songez . . . . . ce dont nous avons discuté.

257 **Assemblez les éléments suivants pour obtenir des phrases (plusieurs possibilités).**

a. Suzanne s'oblige ────────────────▶ 1. à visiter les Catacombes*.

b. Elle est très heureuse   2. à un effort régulier.

c. Patrick tient   3. à ce qu'on soit heureux.

d. Son mari se contente   4. à ce qui lui fait plaisir.

e. Claire renonce   5. d'écouter les informations.

f. Mon amie anglaise s'étonne   6. d'un sandwich à midi.

g. On a envie   7. de ce qu'elle fasse bien la cuisine.

h. Il se soucie   8. de ce qu'on lui propose.

* *les Catacombes : cimetière souterrain à Paris.*

258 **Complétez les phrases suivantes par** *à* **ou** *de*.

Exemple : Il refuse **de** sortir le dimanche soir.

a. Tu te mêles . . . . . ce qui ne te regarde pas.

b. Faites attention . . . . . ce que votre portière soit bien fermée.

c. Je me souviens encore . . . . . l'hôtel où nous étions descendus.

d. Méfiez-vous . . . . . ces plantes ; elles sont vénéneuses.

e. Tu crois . . . . . la réincarnation, toi ?

f. Saviez-vous qu'elle tenait . . . . . entrer dans la franc-maçonnerie ?

g. Nous sommes fiers . . . . . ce que tu es devenu.

h. Prenez garde . . . . . ce que tout soit bien rangé.

259 Rayez si nécessaire les éléments qui ne conviennent pas.

Exemple : Elle se moque   1. de partir.

                               2. ~~de ce que vous fassiez.~~

                               3. de ce qui se passe.

                               4. de la pluie.

a. On s'attend

         1. à partir.
         2. à ce que vous réussissiez.
         3. à ce dont tu nous as parlé.
         4. à un bon résultat.

b. M. Dubois est indigné

         1. de devoir attendre.
         2. de ce que tu lui as dit.
         3. de votre attitude.
         4. de ce qu'il y a une heure d'attente.

c. Je l'encourage

         1. à téléphoner.
         2. à ce qui l'intéresse.
         3. à une inscription.
         4. à ce qu'il aille en Angleterre.

d. Sa sœur ne s'habitue pas

         1. à vivre à Grenoble.
         2. à ce que vous lui demandiez.
         3. à sa belle-famille.
         4. à ce qu'il pleut souvent.

260 Effacement de *à* et *de*. Simplifiez les phrases lorsque c'est possible.

Exemples : Je suis contente de ce que tu aies fait un beau voyage.

        → Je suis contente **que** tu aies fait un beau voyage.

        Je suis triste de ce que tu me dis. → *(simplification impossible)*

a. Es-tu certain de ce que tu annonces ?

→ . . . .

b. Elle est ennuyée de ce que vous soyez malade.

→ . . . .

c. On a besoin de ce que tu viennes au plus vite.

→ . . . .

d. Vous intéressez-vous à ce qui se passe dans le monde ?

→ . . . .

e. Nous tenons à ce qu'il soit au courant de son adoption.

→ . . . .

f. Faites attention à ce que la valise soit bien fermée.

→ . . . .

g. Alice se plaint de ce qu'elle travaille trop.

→ . . . .

h. Il m'a parlé de ce qu'il avait vu au musée d'Orsay.

→ . . . .

261 Soulignez dans cette liste de verbes ceux qui peuvent se construire avec *à* et *de* à l fois.

Interroger, demander, parler, adresser, dire, apprendre, penser, offrir, présenter, propose inviter, interdire, permettre, autoriser, refuser, se plaindre, rapporter, assurer, explique ordonner, commander, conseiller.

262 Faites des phrases à partir des éléments suivants.

Exemple : L'aide humanitaire/propose/tous/venir en aide aux déshérités.
→ ***L'aide humanitaire propose à tous de venir en aide aux déshérités.***

a. Vous/refuser/étudiants/utiliser une calculatrice.
→ ....

b. L'État/inviter/épargnants/investir
→ ....

c. La Sécurité sociale/conseiller/médecins/réduire la quantité de médicaments prescrits.
→ ....

d. Le ministre de l'Éducation nationale/proposer/enseignants/réorganiser le calendrier scolaire
→ ....

e. On/demander/Banque de France/émettre un nouveau billet de 500 francs.
→ ....

f. Les fonctionnaires/se plaindre/gouvernement/payer la CSG*.
→ ....

g. Les syndicats/parler/dirigeants/réduire le temps de travail.
→ ....

h. L'ANPE/recommander/demandeurs d'emploi/chercher du travail en province.
→ ....

* CSG : Contribution Sociale Généralisée : impôt récent.

C. LES CONSTRUCTIONS VERBALES SUIVIES DE L'INFINITIF

263 Complétez les phrases suivantes par un infinitif présent ou passé.

Exemples : Nous voudrions **vous rencontrer**.
Adèle assure **avoir fait cette excursion**.

a. Les étudiants souhaitaient ....
b. Savez-vous ....
c. Son mari a eu envie de ....
d. Ce client dit ....
e. Vous avez tout intérêt à ....
f. Elle devra ....
g. Ils sont certains de ....
h. Les enfants ont tendance à ....

264 Transformez ces phrases sur le modèle suivant.

Exemple : Je ne pense pas que je connaisse la réponse juste.

→ *Je ne pense pas connaître la réponse juste.*

a. Elle pense qu'elle s'absentera quelques jours.

→ ....

b. Les jeunes espèrent qu'ils trouveront facilement un emploi.

→ ....

c. Tu crois que tu as réussi ton examen ?

→ ....

d. Tu te demandes ce que tu vas faire ?

→ ....

e. Cet homme prétend qu'il a dessiné les plans de la Grande Arche.

→ ....

f. Elle s'imagine qu'elle est milliardaire !

→ ....

g. Virginie et Alain reconnaissent qu'ils se sont trompés.

→ ....

h. Le chef d'État étranger a affirmé qu'il voulait la paix.

→ ....

265 Réécrivez ces phrases en employant un infinitif seul ou introduit par *de*.

Exemple : J'ai l'impression que j'ai fait un faux calcul.

→ J'ai l'impression *d'avoir fait* un faux calcul.

a. Mme Blanc n'est pas certaine qu'elle vous ait déjà rencontré.

→ ....

b. Ses enfants se souviennent vaguement qu'ils sont passés par là un jour.

→ ....

c. Je crois que je connais cet acteur.

→ ....

d. Il se plaint qu'il fait la vaisselle tous les soirs.

→ ....

e. Tu m'as assuré ce matin que tu rentrerais de bonne heure !

→ ....

f. Cette femme prétend qu'elle a le numéro gagnant.

→ ....

g. Vous pensez que vous serez capable d'identifier le voleur ?

→ ....

h. Tu n'admets pas que tu puisses te tromper ?

→ ....

266 Répondez aux questions suivantes en employant un infinitif négatif.

Exemple : Vous ne pensez pas que vous avez égaré votre passeport ?

→ **En effet, je pense ne pas l'avoir égaré.**

a. Tu n'es pas convaincu que tu as eu tort ?

→ En effet, ...

b. L'inculpé n'a pas dit qu'il avait agressé cette femme ?

→ Non, ...

c. Vous n'avez pas le sentiment que vous vous êtes fait avoir dans cette affaire ?

→ Non, ...

d. L'accusé n'a-t-il pas reconnu qu'il avait emprunté ce véhicule ?

→ Non, ...

e. Ta mère n'est pas convaincue qu'elle a été désagréable hier soir ?

→ Non, ...

f. Ne croyez-vous pas que vous vous êtes mal comporté la semaine dernière ?

→ Non, ...

g. Cette vieille femme n'est pas sûre qu'elle a oublié ses gants ?

→ Si, ...

h. Ta fille n'a pas l'impression qu'elle a mangé trop de glace ?

→ Non, ...

267 Complétez les phrases suivantes par un infinitif présent ou passé.

Exemple : Marie est désolée de **ne pas avoir pu se joindre à vous.**

a. Ils ont beaucoup regretté de . . . .

b. Ils ont préféré prendre la voiture afin de . . . .

c. De façon à . . . ., nous avons décidé de rentrer demain matin

d. Mon père a dû payer une amende de 1 000 francs pour . . . .

e. Ils nous ont quittés sans . . . .

f. Avant de . . . ., j'ai voulu monter aux tours de Notre-Dame

g. Ils envisagent de . . . ., d'ici deux ans

h. Vous ne vous êtes toujours pas décidés à . . . .

D. CONSTRUCTIONS AVEC L'INDICATIF OU L'INFINITIF

268 Transformez ces phrases suivant le modèle.

Exemple : Nous espérons déménager bientôt. (Émilie)

→ Nous espérons **qu'Émilie déménagera** bientôt.

a. Je reconnais être arrivé très en retard. (mon neveu)

→ . . . .

b. Vous pensez nous accompagner à l'aéroport ? (vos amis)

→ . . . .

c. Elle nous a annoncé être enceinte de trois mois. (sa sœur)

→ ....

d. Tu promets de revenir nous voir la semaine prochaine ? (vous)

→ ....

e. Vous croyez vivre dans un ranch aux États-Unis ? (Cécile)

→ ....

f. Le maire affirme avoir trouvé une statuette mérovingienne dans une grange. (un paysan)

→ ....

g. Les enfants soutiennent ne pas avoir cassé ces carreaux. (Martin)

→ ....

h. L'inculpé a nié avoir pénétré chez les Picard. (son complice)

→ ....

269 À partir des éléments fournis, écrivez des phrases construites avec deux sujets différents.

Exemple : Espérer/Aller bien

→ ***J'espère que vous allez bien.***

a. Supposer/Être en vacances

→ ....

b. Imaginer/Voyager à l'étranger

→ ....

c. Croire/Ne pas emmener les enfants

→ ....

d. Être sûr/Se voir plus souvent à la rentrée

→ ....

e. Rappeler/Reprendre le 2 septembre

→ ....

f. Assurer/Paraître long

→ ....

g. Penser/Être difficile pour vous

→ ....

h. Répéter/Manquer beaucoup

→ ....

270 Complétez les dialogues suivants par les verbes entre parenthèses. Attention à l'emploi des temps.

– Taxi, s'il vous plaît !

– Bonjour. Alors, où voulez-vous (aller) . . . . (a) ?

– 15, rue Rambuteau. Vous voyez où ça (se trouver) . . . . (b) ?

– Madame, je crois que je (connaître) . . . . (c) Paris comme ma poche ; ça doit (faire) . . . . (d) plus de trente ans que j'(exercer) . . . . (e) la profession de chauffeur de taxi.

- Vous me dites (commencer) . . . . (f) ce métier il y a trente ans alors vous ave
  vu de grands changements dans Paris.
- Je peux vous (dire) . . . . (g) par exemple que le quartier des Halles où je vou
  (emmener) . . . . (h) maintenant (changer) . . . . (i) du tout au tou
- Attention, je crois que vous (griller) . . . . (j) le feu.
- Ça peut (arriver) . . . . (k) ; de toute façon, j'ai un copain au commissariat !
- Vous étiez donc en train de m'(expliquer) . . . . (l) que le quartier où j'espèr
  (retrouver) . . . . (m) mes amis (se transformer) . . . . (n) radicale
  ment.
- C'est ça, oui. D'ailleurs, vous allez en (juger) . . . . (o) par vous-même car nou
  y sommes. Je vous (parler) . . . . (p) du Paris des années soixante si j'ai le plai
  sir de (refaire) . . . . (q) une course avec vous !

271 Faites des phrases en utilisant les éléments donnés et deux sujets différents. Attentio
à la concordance des temps.

Exemple : (Sembler/*passé composé*) Les exportations ont repris.
→ *Il m'a semblé que les exportations avaient repris.*

a. (croire/*imparfait*) Les taux d'intérêt ont diminué.
→ . . . .

b. (expliquer/*passé composé*) Les cotations en Bourse se stabiliseront.
→ . . . .

c. (noter/*présent*) Le deutsche Mark a perdu quelques centièmes.
→ . . . .

d. (entendre dire/*passé composé*) Le Premier ministre syrien sera reçu à l'Élysée.
→ . . . .

e. (apprendre/*passé composé*) La Chine a acheté pour plusieurs milliards d'Airbus.
→ . . . .

f. (prévoir/*présent*) Les touristes étrangers viendront plus nombreux cet été.
→ . . . .

g. (avancer/*passé composé*) La population mondiale atteindra 8,4 milliards en 2025.
→ . . . .

h. (annoncer/*passé composé*) Le nombre des naissances correspond au seuil de renouvelle
ment de la population.
→ . . . .

E. LE SUBJONCTIF ET L'INFINITIF

272 Simplifiez ces phrases en employant l'infinitif lorsque c'est possible.

Exemples : Léopoldine souhaite que vous assistiez à son vernissage. → *(impossible).*

Il faut absolument qu'on y aille.
→ Il faut absolument y **aller**.

Il est obligatoire qu'on composte son billet de train.
→ Il est obligatoire **de composter** son billet de train.

a. Je ne pense pas que les enfants soient invités.

→ ....

b. Il est préférable que nous les fassions garder par la baby-sitter.

→ ....

c. Il est important qu'on y arrive de bonne heure.

→ ....

d. Penses-tu qu'il faille offrir quelque chose à Léopoldine ?

→ ....

e. Il est inutile qu'on lui apporte des fleurs.

→ ....

f. Je préfère que vous l'invitiez à dîner à la fermeture de la galerie.

→ ....

g. Au fait, je voudrais que tu me dises où ça se passe.

→ ....

h. À deux pas du Centre-Pompidou ; il vaut mieux qu'on prenne le métro.

→ ....

23 **Complétez les phrases suivantes par** *que, de ce que, à ce que* **(parfois plusieurs possibilités).**

Exemple : On ne s'attendait pas **à ce qu'**ils prennent si vite leur décision.

a. Nous tenons . . . . vous nous mettiez au courant.

b. Veillez . . . . toutes les fenêtres soient fermées.

c. On regrette . . . . vous ne puissiez pas rester davantage.

d. Vous avez intérêt . . . . votre candidature soit retenue.

e. Ton père souhaiterait . . . . vous ayez un autre enfant.

f. On se moque . . . . il soit français ou non.

g. Je m'inquiète . . . . ils ne nous aient pas écrit.

h. Elle s'habituera . . . . on la vouvoie systématiquement.

24 **Écrivez les phrases suivantes en insérant le nom placé en tête de phrase, sachant que cette modification entraînera un changement de sens.**

Exemples : Julien/On ne pense pas faire du ski.

→ *Julien ne pense pas qu'on fasse du ski.*

Je/Pauline s'habitue à vivre à Toulouse.

→ *Je m'habitue à ce que Pauline vive à Toulouse.*

a. Charles/Tu acceptes de sortir samedi soir ?

→ ....

b. Vos amis/Marthe refuse de voir *Le Journal d'un séducteur.*

→ ....

c. Tu/Je préfère aller à la salle Pleyel.

→ ....

d. Je/Mon frère tient à dormir chez moi.

→ . . . .

e. On/Vous veillez à tout organiser.

→ . . . .

f. Nous/Nos parents aimeraient partir dans le Sud.

→ . . . .

g. Valérie/Tu es heureux de t'installer à Nice.

→ . . . .

h. Tu/Je propose de prévenir la police.

→ . . . .

275 Transformez ces phrases en suivant le modèle.

Exemple : Elle propose que nous restions avec eux pour dîner.

→ *Elle nous propose de rester avec eux pour dîner.*

a. Je suggère que vous preniez des leçons de tennis.

→ . . . .

b. Mes parents demandent que nous les appelions tous les trois jours.

→ . . . .

c. Je déconseille qu'ils empruntent l'autoroute du Sud.

→ . . . .

d. On recommande qu'elle soit très prudente dans cette expédition.

→ . . . .

e. Le professeur rappelle qu'ils lisent les derniers chapitres de *L'Étranger.*

→ . . . .

f. Tu conseilles qu'ils descendent à l'hôtel Lutécia ?

→ . . . .

g. Leurs parents interdisent qu'ils rentrent après minuit.

→ . . . .

h. Tu imposes que ton mari s'occupe des enfants le dimanche ?

→ . . . .

F. L'INDICATIF ET LE SUBJONCTIF

 276 Relisez les exercices précédents sur l'indicatif et le subjonctif puis soulignez dan
cette liste les verbes suivis du subjonctif à la forme affirmative.

Tenir à, dire, expliquer, avoir l'impression, vouloir, aimer, se souvenir, raconter, imaginer, rapporte
promettre, relater, penser, préférer, proposer, indiquer, considérer, remarquer, souhaiter, sembl
prétendre, espérer, reconnaître, prévoir, trouver, croire, refuser.

277 Parmi les verbes admettant l'indicatif de l'exercice précédent, retrouvez ceux qui, à la forme négative, peuvent se construire avec le subjonctif (valeur hypothétique). Puis employez-les dans une phrase affirmative et dans une phrase négative.

Exemple : (promettre) Vous nous promettez que votre frère **sera** là ?
→ Je ne peux pas vous promettre qu'il **soit** là.

a. → ....
....

b. → ....
....

c. → ....
....

d. → ....
....

e. → ....
....

f. → ....
....

g. → ....
....

h. → ....
....

278 Faites des phrases à partir des éléments donnés. Employez l'indicatif ou le subjonctif.

Exemples : Vous aurez des embouteillages. C'est certain.
→ ***Il est certain qu'il y aura des embouteillages.***
Nous prendrons les transports en commun. C'est possible.
→ ***Il est possible que nous prenions les transports en commun.***

a. Vous arriverez avant midi à Auxerre. J'en suis persuadée.
→ ....

b. On déjeunera dans le jardin. Je l'espère.
→ ....

c. Vous ne serez pas fatigués par la route. Je ne le pense pas.
→ ....

d. Nous irons faire un tour dans la ville. Je le propose.
→ ....

e. Vous aimerez la vieille ville. Je n'en doute pas.
→ ....

f. La cathédrale est en travaux. C'est regrettable.
→ ....

g. Nous vous emmènerons dans la rue des antiquaires. J'y tiens.
→ ....

h. Vous trouverez peut-être la pendule que vous cherchez. Je le souhaite.
→ ....

279 Assemblez ces éléments pour obtenir des phrases.

a. C'est dommage

b. Nous sommes heureux

c. Je passe mon temps à vous répéter

d. Ta mère espère

e. On voudrait bien

f. Il est très important

g. Je ne me souviens pas

h. Vous pouvez me dire

1. qu'il faut arrêter de fumer.

2. que tu aies accepté ce poste.

3. qu'il ait déjà visité l'exposition Corot

4. qu'il réussisse son bac.

5. qu'il ne fasse pas meilleur.

6. que ça ne vous intéresse pas.

7. que tu ne t'ennuies pas.

8. que tu saches conduire à Paris.

280 Cochez la bonne réponse.

Exemple : Nous passerons vous voir avant que vous . . . pour Madrid.

    1. ☐ partez   2. ☒ partiez   3. ☐ partirez

a. Laissez-moi quelques jours afin que je . . .

1. ☐ réfléchisse   2. ☐ réfléchis   3. ☐ j'ai réfléchi

b. Il a téléphoné juste après que tu . . .

1. ☐ sois parti   2. ☐ partes   3. ☐ a été parti

c. On a acheté ce tableau parce qu'on . . . un coup de foudre.

1. ☐ ait eu   2. ☐ avait eu   3. ☐ ait

d. Depuis que je . . . ce régime, j'ai déjà perdu trois kilos.

1. ☐ suive   2. ☐ ai suivi   3. ☐ suis

e. Tout érudit qu'il . . . , il a été incapable de répondre.

1. ☐ est   2. ☐ serait   3. ☐ ait été

f. Quelque conseil que vous me . . . , je le suivrai toujours.

1. ☐ donneriez   2. ☐ donnez   3. ☐ donniez

g. Jeanne ne bougera pas de chez elle à moins que vous ne lui . . . une sortie.

1. ☐ proposiez   2. ☐ proposerez   3. ☐ proposez

h. D'ici à ce que tu . . . cette lettre, j'ai le temps d'aller faire un tour.

1. ☐ termines   2. ☐ aies terminé   3. ☐ as terminé

281 Rayez ce qui ne convient pas.

Exemple : J'ai acheté ce roman (pourtant/bien que) je n'en avais pas entendu parler.

a. (Ce n'est pas que/Comme) Susie soit désagréable, mais on se voit peu.

b. Nous n'avons pas eu de leurs nouvelles (jusqu'à ce que/depuis que) nous avons quitt
Marseille.

c. Martin a relu plusieurs fois ce dossier (si bien qu'/malgré qu') il le connaît.

d. Elle ne va pas à l'église (non qu'/parce qu') elle n'est pas croyante.

e. (Même si/Quoique) tu n'aies pas toujours bon caractère, je t'aime beaucoup.

f. (À condition que/Si) vous souhaitez des informations plus précises, veuillez nous contacter par téléphone.

g. Nous nous tenons à votre service, (où/où que) vous soyez.

h. (En attendant que/Pendant que) nous ferons les travaux, nous habiterons chez mes parents.

282 **Reformulez ces phrases en employant l'indicatif ou le subjonctif.**

Exemple : La direction avertit ses clients du changement des horaires d'ouverture du magasin.
→ La direction avertit ses clients *que les horaires d'ouverture du magasin ont changé.*

a. Nous regrettons votre refus.

→ ....

b. Je m'inquiète de son retard ; elle est toujours à l'heure.

→ ....

c. Marie m'a annoncé son mariage pour le mois prochain.

→ ....

d. Antoine attend votre arrivée avec impatience.

→ ....

e. Le directeur refuse votre démission.

→ ....

f. Marc a reconnu sa mauvaise humeur de la semaine dernière.

→ ....

g. Mme Noir adore le récit de votre voyage en Turquie.

→ ....

h. Nous souhaitons un prompt rétablissement à Catherine.

→ ....

Bilan

283 Lisez ce texte et rayez ce qui ne convient pas (choisissez les structures les plus simples).

Nous avions décidé (que nous visiterions/de visiter/que nous visitions) enfin le moulin situé sur la rive de la Renarde. Nous nous sentions (attirés/attirer) par le mystère de cette bâtisse d'un autre âge bien qu'elle (est/était/soit) austère et d'un abord peu accueillant.

Claude a escaladé le premier le mur, suivi par Françoise et moi-même. Sitôt dans le jardin en friche, nous avons eu l'impression (d'entrer/que nous entrions/que nous étions entrés) dans une autre époque. Après (que nous ayons contourné/que nous avions contourné/avoir contourné) un petit bosquet, nous avons découvert la vieille roue du moulin rongée par la rouille. Il semblait (ne plus fonctionner/qu'elle ne fonctionnait plus/qu'elle ne fonctionne plus) depuis fort longtemps. Vu de si près, le bâtiment nous paraissait encore plus imposant. Afin (d'y pénétrer/que nous y pénétrions/que nous y ayons pénétré), nous avons entrepris (d'en faire/que nous en fassions/que nous en faisions) le tour. C'est ainsi que (nous ayons remarqué/nous avons remarqué/nous remarquions) une petite porte entrouverte. Avant (que nous y soyons entrés/que nous y entrions/d'y entrer), un rayon de soleil s'est montré comme pour (nous encourager/qu'il nous encourage/que nous ayons plus de courage). Une fois le seuil franchi, nous avons découvert une grande salle vide dont le plafond à moitié effondré était encombré de chauves-souris endormies. L'état de délabrement nous a fait (à hésiter/d'hésiter/hésiter) d'autant plus que Claude nous a annoncé qu'il (ait oublié/a oublié/avait oublié) sa lampe torche. Françoise a alors commencé (à avouer/avouer/d'avouer) (qu'elle avait/qu'elle ait/d'avoir) peur. C'est à ce moment précis que nous (ayons entendu/avions entendu/avons entendu) (qu'un hibou criait/un hibou crier). Cela a achevé (à nous/nous/de nous) convaincre (de/à) rebrousser chemin. Nous nous sommes bousculés vers la sortie, trop heureux (que nous nous retrouvions/de nous retrouver/que nous nous soyons retrouvés) au soleil.

Une fois que nous (ayons/avons/avions) rejoint la route ne voulant pas (nous avouer/que nous nous avouions/que nous nous soyons avoués) vaincus, nous avons projeté une prochaine expédition au moulin mais en prévoyant cette fois-là un équipement plus adapté.

XI. PRONOMS POSSESSIFS, DÉMONSTRATIFS, INTERROGATIFS ET INDÉFINIS

À chacun sa chacune.

A. LES PRONOMS POSSESSIFS

284 Réécrivez les phrases suivantes en remplaçant les mots soulignés par un pronom possessif.

Exemple : Notre itinéraire est plus court que <u>ton itinéraire</u>.
→ Notre itinéraire est plus court que *le tien*.

a. Tu me donnes un mouchoir s'il te plaît ? J'ai oublié <u>mes mouchoirs</u> dans la voiture.
→ ....

b. Vous avez un magnifique manteau. <u>Mon manteau</u> a l'air très vieux à côté du vôtre.
→ ....

c. Mes patrons sont beaucoup plus exigeants que <u>ses patrons</u>.
→ ....

d. Je préfère que nous montions dans votre voiture, je n'ai pas confiance dans <u>leur voiture</u>.
→ ....

e. Mes clés sont dans ma poche, <u>tes clés</u> doivent être dans ton sac.
→ ....

f. Pour être tranquilles, nous allons mettre nos enfants d'un côté de la table et <u>vos enfants</u> de l'autre.
→ ....

g. Ta tente semble légère. <u>Ma tente</u> est beaucoup trop lourde.
→ ....

h. Je me suis acheté une cocotte-minute alors je te rends <u>ta cocotte-minute</u>.
→ ....

285 Reconstituez les phrases suivantes.

a. Nos enfants sont aussi turbulents

b. Ce soir, il n'y aura que nos enfants,

c. Je ne sais pas quelle tête je fais,

d. Prêtez-nous vos chaînes pour la conduite sur neige,

e. Il a souvent rencontré ma femme

f. On ne peut pas aller chez mes parents, par contre

g. Quand j'ai vu la vôtre, j'ai compris qu'il fallait

h. Pour notre contrat d'assurance, Paul nous avait conseillé de prendre les mêmes options que lui.

1. nous avons oublié les nôtres à Paris.

2. que je m'achète une nouvelle paire de jumelles.

3. mais je n'ai jamais vu la sienne.

4. les siens sont très accueillants.

5. que les leurs.

6. Les siennes sont en effet suffisantes.

7. les leurs sont gardés par une baby-sitter.

8. mais rien qu'à voir la vôtre je pense que vous avez eu peur.

286 Remplacez le groupe de mots souligné par le pronom qui convient (attention aux prépositions).

Exemple : J'ai préféré les peintures de Xavier <u>aux peintures d'Andréa</u>.
→ J'ai préféré les peintures de Xavier ***aux siennes***.

a. Je ne sais pas si vous avez lu mes livres mais moi j'ai beaucoup entendu parler <u>de vos livres</u>.

→ ....

b. Je croyais parler avec son mari mais en fait j'avais affaire <u>à ton mari</u>.

→ ....

c. Tu as reçu des nouvelles de ton fils ? Moi, je n'en ai aucune <u>de mon fils</u>.

→ ....

d. Comme il n'a pas d'outils pour bricoler chez lui, il a besoin <u>de nos outils</u>.

→ ....

e. Quand on compare ses résultats <u>à mes résultats</u>, on comprend que ses parents s'inquiètent

→ ....

f. Tu viens de voir mon frère ? C'est amusant, je viens d'avoir un coup de fil <u>de ton frère</u>.

→ ....

g. Je te remercie mais je n'ai pas envie d'aller chez ton dentiste. J'aime autant suivre les prescriptions <u>de notre dentiste</u>.

→ ....

h. Je n'obéis pas à ses ordres, je ne me soumets qu'<u>à vos ordres</u>.

→ ....

B. LES PRONOMS DÉMONSTRATIFS

287 Reconstituez chacune des phrases suivantes.

a. Nous avons aimé son premier roman
b. Albane et Christophe vont changer leurs skis
c. Je vais commander de nouvelles cartes de visite
d. Mets une jupe plutôt qu'un pantalon,
e. Je ne sais pas si ce que tu manges est bon
f. Si j'ai à choisir,
g. Je trouve cette ville magnifique.
h. Ces saucissons sont secs

1. et ceux-ci le sont aussi.
2. c'est ça que je prendrai.
3. cela me ferait plaisir.
4. Par contre, celle-là est très laide.
5. mais celui-ci est sans intérêt.
6. parce que ceux-là sont trop usés.
7. mais à te regarder, ça a l'air d'être le cas.
8. parce que ça fait des années que j'ai le même modèle.

288 Remplacez les mots soulignés par *celui-là... celui-ci...,* au choix.

Exemple : Dînons plutôt dans un autre restaurant parce qu'il y a trop de monde dans ce restaurant-là.
→ Dînons plutôt dans un autre restaurant parce qu'il y a trop de monde dans ***celui-là***.

a. Donnez-moi un autre stylo parce que ce stylo-ci est en fin de compte trop cher.
→ ....

b. J'ai trouvé toutes les adresses que je cherchais sauf cette adresse-là qui n'est pas sur la liste.
→ ....

c. Ces couteaux ne coupent rien, même ce couteau-ci que je viens d'aiguiser.
→ ....

d. Tu peux cueillir ces champignons mais ces champignons-là sont vénéneux.
→ ....

e. J'aime ces fleurs mais Nicole et Marjorie ont préféré ces fleurs-là.
→ ....

f. Débouche plutôt la bouteille qui est au congélateur, cette bouteille-ci n'est pas assez fraîche.
→ ....

g. Ma sœur n'a emporté chez elle que le petit buffet parce que ce buffet-ci est trop gros.
→ ....

h. Vous voyez les vélos qui sont au fond, ce sont ces vélos-là que nous avons loués.
→ ....

289 Faites deux phrases en remplaçant le pronom relatif *qui* par *celui-ci, celle-ci, ceux-ci* ou *celles-ci*.

Exemple : Le médiateur du gouvernement a rencontré les grévistes qui pensent qu'aucun poste ne doit être supprimé.

→ *Le médiateur du gouvernement a rencontré les grévistes. Ceux-ci pensent qu'aucun poste ne doit être supprimé.*

a. Stanislavski est l'auteur d'une méthode qui est enseignée aujourd'hui encore dans toutes les écoles de théâtre du monde.

→ ....

b. Quand il était jeune, François Truffaut a écrit de nombreux articles qui critiquaient violemment certains cinéastes français.

→ ....

c. Jacques Chirac a reçu en grande pompe le roi du Maroc qui faisait un voyage officiel d'une semaine en France.

→ ....

d. Le Parlement a accepté de réduire les crédits de l'armée qui sera prochainement profession-nalisée.

→ ....

e. J'ai acheté la copie d'un tableau de Cranach qui est exposé au musée du Louvre.

→ ....

f. Raymond a parlé de ton cas à Dominique qui va le soumettre au maire.

→ ....

g. Je sais que vous avez vu le professeur qui vous a demandé pourquoi je n'étais pas allé en cours.

→ ....

h. Le procès sera présidé par un juge qui est considéré comme l'un des plus sévères du barreau.

→ ....

290 Reconstituez les phrases suivantes.

a. Je n'achète jamais le pain du supermarché.   1. à celui du Brésil.

b. Au lieu de prendre les clés de la maison,   2. mais j'ai un faible pour celle de Francine.

c. Tu as vu tes amis de Brest ?   3. j'ai pris celle de René pour aller travailler.

d. Vous êtes bien le frère de Jean Chinaud ?   4. j'ai pris celles du garage.

e. Je préfère le café de Colombie   5. Non, mais je suis celui de son père.

f. Je suis satisfait des notes de mes enfants.   6. Celui de la boulangerie est tellement meilleur.

g. Comme ma voiture est en panne,   7. Non, mais j'ai eu la visite de ceux de Quimper.

h. Votre montre est très belle   8. Celles de mon fils sont bonnes et celles de ma fille excellentes.

291 Trouvez dans la liste suivante la paire « pronom démonstratif/pronom relatif » qui manque dans chacune des réponses : *celui qui, celle à laquelle, ceux qui, celui où, celui dont, celles qui, ceux auxquels, ceux dont, celle qui.*

Exemple : Roseline a-t-elle épousé un des fils Thomet ? Oui, **celui qui** est rempailleur de chaises.

a. Avec quel député Ribaut s'est-il associé ? Je crois que c'est avec . . . . on dit qu'il est l'éminence grise du Premier ministre.

b. Vous avez jeté tous mes journaux ? Non, nous avons gardé . . . . tu tenais le plus.

c. Tu as quitté ton appartement de Nice ? Oui, ... j'habite aujourd'hui est bien plus grand.

d. Cette entreprise rachète tous les vieux papiers ? Oui, du moins . . . . on souhaite se débarrasser.

e. Pourquoi trouves-tu les touristes bizarres ? Je ne comprends pas . . . . passent leurs vacances sur des plages surpeuplées.

f. Vous êtes passé au magasin voir les vestes ? Oui et ils m'ont dit que Vincent avait acheté . . . . me plaisaient.

g. Gérard a revu les filles de l'autre soir ? Oui, d'ailleurs ce soir il dîne avec . . . . a les yeux verts.

h. On t'a fait une surprise pour ton anniversaire ? Oui, et ce n'était pas du tout . . . . je m'attendais.

292 Reconstituez ces phrases en réunissant les trois éléments qui vont ensemble.

a. Avec l'âge, il commence à comprendre	*ce dont*	1. je tiens le plus au monde.
b. La rascasse et le rouget, c'est pour moi	*Ce qu'*	2. vous avez toujours rêvé.
c. Il est arrivé à Hélène	*ce que*	3. Glenn Gould voulait aller.
d. Les quelques rares photos qui m'ont été laissées par mon grand-père, c'est	*ce dont*	4. elle veut, elle l'obtient toujours.
e. Rendre à la musique une pureté désincarnée, c'est	*ce vers quoi*	5. on a tous peur en ce moment : son entreprise a déposé le bilan.
f. Les prisonniers se sont évadés grâce à cette cuillère ; c'est	*ce qui*	6. son père lui disait quand il était enfant.
g. Avec l'argent que vous avez gagné au tiercé, vous allez vous payer	*ce à quoi*	7. fait les meilleures bouillabaisses.
h. Ludivine est une enfant obstinée.	*ce avec quoi*	8. ils ont creusé un trou sous le plancher de leur cellule.

293 Reconstituez les phrases et trouvez pour chacune le pronom (ou le groupe de pronoms) manquant dans la liste suivante : *celle-là, celui-là, celle-ci, celui-ci, celui, celui qui.*

a. Si je ne suis pas là, laissez le paquet à ma voisine,

b. Nous allons changer de plage

c. J'hésite entre ces deux formations.

d. Xavier a insulté Axel

e. Je ne veux pas lire ce livre en revanche je veux bien

f. Pascal et Nadège étaient faits pour se rencontrer.

g. N'ayant pas de médecin attitré,

h. Comme je n'avais pas de dictionnaire,

1. Dois-je suivre . . . . ou . . . . ?

2. ce qui a rendu furieux . . . .

3. . . . . est peintre et . . . . sculpteur.

4. je suis allé chez . . . . habite le plus près de chez moi.

5. j'ai apporté . . . . de la bibliothèque.

6. ***celle-ci*** est une amie.

7. parce qu'il y a trop de monde sur . . . .

8. que tu me prêtes . . . .

294 Remplacez les mots soulignés par *celui-ci/là* ou *celle-ci/là, ceux-ci* ou *celles-là.*

Exemple : J'ai lu tout Marcel Proust et tout Henry James. Je suis fasciné par Henry James alors que Marcel Proust me passionne.

→ Je suis fasciné par ***celui-ci*** alors que ***celui-là*** me passionne.

a. Il ne faut pas confondre le Finistère avec le cap Finisterre. Le cap Finisterre est en Espagne alors que le Finistère est en Bretagne.

→ . . . .

b. Nous avons croisé François et Agnès. Agnès prépare un nouveau film et Jacques un recueil d'articles.

→ . . . .

c. Catherine aime beaucoup Jules et Jim mais c'est Jules qu'elle va épouser et non Jim.

→ . . . .

d. Ils ont rapporté des chaussures et des pantalons du marché aux puces. Les chaussures sont en bon état par contre, les pantalons sont beaucoup trop usés.

→ . . . .

e. La droite et la gauche se sont unies pour soutenir le gouvernement : la droite par discipline républicaine et la gauche à contre-cœur.

→ . . . .

f. Pour aller à Marseille, vous avez le choix entre l'avion et le TGV. Contrairement à ce qu'on pense, l'avion n'est pas plus cher que le TGV.

→ . . . .

g. Deux fils sont reliés à la bombe : un vert et un rouge. Pour annuler la mise à feu, coupez le rouge et débranchez le vert.

→ . . . .

h. Mon poste de télévision et mon magnétoscope ne fonctionnent plus. Je crois que je vais jeter le magnétoscope et faire réparer le poste de télévision.

→ . . . .

C. LES PRONOMS INTERROGATIFS

295 *Lesquels, lequel, qui, lesquelles* ou *laquelle* ? Trouvez le pronom interrogatif qui convient.

Exemple : Puccini a écrit de nombreux opéras. *Lequel* préfères-tu ?

a. « Il faut laisser du temps au temps ». . . . . est l'auteur de cette phrase ?

b. Je sais que tu as trois sœurs. . . . . passe le concours d'assistante sociale ?

c. . . . . va aller acheter le pain, les croissants et la brioche demain matin ?

d. Je voudrais 1 kg de tomates s'il vous plaît. . . . . sont les meilleures ?

e. Trois rois ont régné en France au XVIIIᵉ siècle. . . . . a vécu le plus longtemps ?

f. Cinq fleuves coulent en France. . . . . prend sa source en Suisse ?

g. On peut encore visiter en France de nombreux monuments du Moyen Âge. . . . . sont à Paris ?

h. Le gouvernement est constitué de trente-cinq ministres. . . . . sont des femmes ?

296 Reconstituez les questions suivantes.

a. Pour qui   1. vas-tu partir en vacances cet été ? Charles, Édouard ou Henri ?

b. Avec qui   2. Olivier se souvenait-il en sortant du coma ? De ses parents, de sa femme ou de ses enfants ?

c. À côté de qui   3. pensiez-vous lorsque vous disiez que des gens du quartier avaient fait du marché noir pendant la guerre ?

d. Sur qui   4. avez-vous voté aux dernières présidentielles ?

e. Contre qui   5. as-tu obtenu cet appartement en plein cœur de la ville ?

f. Grâce à qui   6. le champion de France de judo va-t-il se battre en finale ?

g. De qui   7. comptez-vous pour vous aider à déménager ?

h. À qui   8. serai-je assis au repas de noce ?

297 Trouvez une question correspondant à chacune des réponses suivantes. Faites-la porter sur le groupe de mots souligné ainsi que l'indiquent les exemples.

Exemple 1 : Réponse : L'été ? Je fais <u>de la planche à voile, du bateau et du ski nautique</u>.

     → Question : *Que* faites-vous l'été ?

Exemple 2 : Réponse : Je pense <u>à ma voiture</u> dont les phares sont restés allumés.

     → Question : *À quoi* pensez-vous ?

a. Il s'occupe de <u>toutes les tâches administratives, de la réception, des commandes et de la comptabilité.</u>

→ . . . .

b. On commence par <u>une soupe de poisson avec sa rouille, ses croûtons et son fromage râpé.</u>

→ . . . .

c. Il a réparé <u>le fauteuil</u> avec une bonne colle à bois, tout simplement.

→ . . . .

d. La tour Eiffel est construite <u>en fer</u>.

→ . . . .

e. Nous avons caché <u>la clé du garage</u> derrière le pot de géranium.

→ . . . .

f. Comme dessert, il a décidé de prendre <u>une crème brûlée</u>.

→ . . . .

g. Justin Legendre a consacré sa vie <u>à la collection des étiquettes de boîtes de camembert</u>.

→ . . . .

h. Vous pouvez m'aider en <u>témoignant en ma faveur</u>.

→ . . . .

298 **Trouvez les questions correspondant aux affirmations suivantes.**

a. Tu as essayé les monospaces Peugeot et Renault.

b. Vous avez skié dans ces deux stations.

c. Ta mère a vu toutes les photos.

d. J'ai rencontré les deux fils Langlet.

e. L'entraîneur a rencontré tous les joueurs.

f. Tu as étudié les trois devis qu'on te proposait.

g. Vous avez entendu les suggestions que nous vous avons faites.

h. Vous voulez 2 kg d'oignons.

1. Lequel as-tu retenu ?

2. Lesquelles veut-elle qu'on fasse retirer pour elle ?

3. Lesquelles allez-vous suivre ?

4. Laquelle préférez-vous ?

5. Lequel vas-tu acheter ?

6. Lesquels a-t-il sélectionnés ?

7. Lesquels préférez-vous, les gros ou les petits ?

8. Lequel allez-vous épouser ?

299 **Un pronom interrogatif précédé d'une préposition manque dans chacune des phrases suivantes. Retrouvez-les dans cette liste :** *devant lesquelles, par laquelle, pour laquelle, sous laquelle, à laquelle, dans lequel, vers lesquelles, chez lequel.*

Exemple : On m'a dit que Jeanne partageait le studio d'un de ses frères. **Chez lequel** habite-t-elle ?

a. J'ai trois appartements à te proposer. . . . . veux-tu t'installer ?

b. Vous êtes bien dans le bureau des infirmières. . . . . voulez-vous parler ?

c. Renée hésitait entre deux solutions : déménager ou chercher un autre travail. . . . . a-t-elle opté ?

d. Je ne trouve ta carte bleue dans aucun de tes blousons ; . . . . l'as-tu rangée ?

e. On peut venir à Signes par la route de Marseille ou par celle de Brignolles. . . . . êtes-vous passés ?

f. Arsène Lupin changeait tout le temps d'identité. . . . . apparaît-il dans le roman *813* ?

g. Raymond doit te retrouver à 17 heures devant des sculptures ; mais lui as-tu précisé . . . . ?

h. On dit que Cécile va faire des études. . . . . s'est-elle orientée ?

300 Posez des questions portant sur les mots soulignés dans chacune des réponses suivantes.

Exemple :   Réponse : Nous allons au marché le dimanche matin.
   → Question : **Que faites-vous** le dimanche matin ?

a. Des trois fils de Henri II, c'est Henri III qui est devenu roi de Pologne, avant d'être sacré roi de France.
→   . . . .

b. C'est contre l'amiral de Villeneuve que l'amiral Nelson remporta la bataille de Trafalgar.
→   . . . .

c. Je ne pense pas grand-chose des derniers résultats électoraux.
→   . . . .

d. J'ai choisi l'Islande sur la liste des voyages proposés par le comité d'entreprise.
→   . . . .

e. Mireille a rangé l'ouvre-boîtes dans le placard qui est sous l'évier.
→   . . . .

f. Le petit Doinel a pris le *Guide Michelin*.
→   . . . .

g. De Philippe et Marc, Marc est le plus vieux.
→   . . . .

h. Vous pourrez confier les clés de votre voiture à nos voisins d'en face.
→   . . . .

301 Reconstituez les phrases suivantes.

a. Trois guichets sont ouverts,
b. Nous savons que vous avez des problèmes.
c. Plusieurs entreprises recrutent des illustrateurs.
d. Je peux déboucher une de ces bouteilles pour ce soir.
e. Quand vous dites qu'une de mes trois filles est exceptionnelle,
f. Tu as rêvé d'un des fils de Charlotte !
g. Les filles de la classe sont toutes vos amies mais
h. Certains étudiants te veulent du mal ?

De laquelle
Auxquelles
Auxquels
Desquels
Duquel
à laquelle
auquel
desquelles

1. faites-vous allusion ?
2. faut-il que j'envoie mon CV ?
3. vous sentez-vous le plus proche ?
4. penses-tu ?
5. as-tu rêvé ?
6. avez-vous le plus envie ?
7. souhaitez-vous nous parler aujourd'hui ?
8. faut-il que j'aille ?

D. LES PRONOMS INDÉFINIS

302 Trouvez le pronom qui convient dans cette liste : *tout, nul, quiconque, chacun, quelqu'un, personne, rien, aucun* (parfois plusieurs possibilités comme le montre l'exemple).

Exemple : La vieille dame a demandé qu'on l'aide à porter ses bagages mais ***personne/nul*** ne lui a répondu.

a. . . . . n'a pas été dit sur les affaires qui ont conduit Bernard Tapie devant les tribunaux.

b. . . . . est entré chez moi sans se faire annoncer.

c. La philosophie de Thomas est simple : dans la vie, ... doit faire ce qui lui plaît.

d. . . . . s'oppose à ce mariage doit se manifester immédiatement.

e. Gérard voulait devenir médecin et . . . . n'aurait pu l'en dissuader.

f. Douze témoins ont assisté à la scène et . . . . n'est intervenu.

g. . . . . n'est censé ignorer la loi.

h. Un jour, on saura . . . . sur l'affaire Kennedy.

303 Reconstruisez les phrases suivantes.

a. Parmi ces tableaux, —————————   1. l'autre ne m'intéresse pas.

b. Avez-vous vu des œuvres de Godard ?   2. tu n'en connais pas une autre ?

c. Ces petits fours me tentaient   3. et aucune n'est semblable aux autres.

d. Je te parle de ce garçon,   4. Quelques-uns étaient ravis, d'autres très déçus.

e. Ces chaussures sont trop grandes.   5. certains sont assez beaux.

f. Ce logiciel propose une multitude de polices   6. alors j'en ai acheté quelques-uns.

g. Tu racontes bien les histoires drôles ;   7. j'ai acheté quelque chose en plus.

h. J'ai discuté avec des spectateurs après la projection.   8. Vous n'auriez pas les mêmes en 37 ?

304 Retrouvez dans la liste suivante le pronom manquant : *tel, la même, aucun, n'importe qui, n'importe quoi, les autres, quelques-uns, plusieurs*.

Exemple : J'ai quatre stylos dans le tiroir mais ***aucun*** ne fonctionne !

a. Ils sont divorcés ; ils devraient donc vivre séparés mais . . . . n'est pas le cas.

b. Frédéric a offert trois livres à son fils pour son anniversaire mais . . . . ne lui plaît.

c. Dans ce film, Alain Delon roule en 504 coupée. Quand j'étais jeune j'avais . . . .

d. J'ai passé l'après-midi devant la télévision pendant que . . . . étaient au bord de la mer.

e. Louise a rencontré des gens sympathiques pendant son voyage, ... sont devenus des amis.

f. J'ai rencontré ses collègues, ... militent contre l'installation d'une centrale nucléaire près de leur village.

g. Lionel cherche un assistant mais . . . . ne peut pas faire l'affaire.

h. Pour échapper au service militaire, certains jeunes étaient prêts à faire . . . .

---

305 Reconstituez les phrases suivantes (parfois plusieurs possibilités).

a. Le vétérinaire assure que

b. Quand je suis arrivé
au bureau, on m'a dit que

c. Les diplomates savent mieux que

d. Murielle et Fabienne ont offert un
Mécano à Michael.

e. Je n'ai rencontré

f. Certaines espèces de fruits ont
disparu et

g. Tu peux archiver ces journaux.

h. J'ai gardé des contacts avec
quelques amis de lycée ;

quelques-uns
nul
tout
Les autres
quiconque
Rien
personne
quelqu'un

1. sont sans intérêt.
2. m'écrivent toujours.
3. ne pouvait lui faire plus plaisir.
4. a été fait pour sauver votre chienne.
5. dans la rue, sans doute à cause du match de football à la télé.
6. avait cherché à me joindre.
7. n'en connaîtra jamais plus le goût.
8. à quels compromis sont confrontés les États.

---

306 Conjuguez les verbes entre parenthèses (attention aux accords).

Exemple : En France, combien d'hommes de plus de 50 ans ont fait la guerre d'Algérie ? La plupart l'**ont faite**.

a. À qui un prêtre peut-il révéler un secret ? Il (pouvoir le révéler) . . . . à personne.

b. Combien de personnes seraient prêtes à donner un de leurs organes pour sauver un enfant ? La majorité (être prête) . . . . à le faire.

c. Combien de vos frères vous ont souhaité votre anniversaire ? Tous me l'(avoir souhaiter) . . . .

d. Combien d'entre nous parlent une langue étrangère ? Certains (parler) . . . . l'anglais.

e. Quelle proportion de Français serait favorable à l'indépendance des Antilles ? La moitié le (être) . . . .

f. Combien de Parisiens trouvent le montant de leur loyer trop élevé ? La plupart (penser) . . . . payer trop cher leur logement.

g. Qui veut s'inscrire pour les épreuves sportives ? D'aucuns (être) . . . . heureux d'y participer.

h. Combien d'étudiants regardent chaque soir la télévision ? Plusieurs (passer) . . . . trois heures le soir devant le petit écran.

---

307   **Reconstituez les phrases.**

a. Comme je ne savais pas quoi acheter,

b. Le bombardement n'a épargné aucun immeuble.

c. Nous sommes allés à Paris pour voir tes amies mais

d. François a rencontré les deux actrices qui avaient écrit pour passer une audition.

e. Comme le dit le dicton :

f. Le responsable du recrutement a rencontré beaucoup de candidats

g. Dominique et Christian sont devenus amis au service militaire.

h. Quand le maître réprimande ses élèves,

1. pas un ne bronche.

2. j'ai tout pris.

3. L'un et l'autre viennent du même village corse.

4. Pas un n'est resté debout.

5. ni l'une ni l'autre n'étaient là.

6. L'une est aussi blonde que l'autre est brune.

7. ne faites pas à autrui ce que vous ne voudriez pas que l'on vous fît.

8. et en a eu d'autres au téléphone.

Bilan

308 Rayez les pronoms qui ne conviennent pas.

Le 29 décembre dernier, vers 22 h 30, la fourmi rencontra la cigale. **Cela/Celle-ci/celle-là** était toute maigre alors que **celle-ci/celle-là/laquelle** avait les joues roses et brillantes de **ceux qui/chacun/personne** sont bien nourris.

Chacun/Tel/Quiconque/aurait un peu de cœur (**maint/certain/cela** se fait rare), gémissait la cigale, emplirait cette assiette ; **personne/nulle/rien** n'y a déposé le moindre morceau de pain depuis des jours.

Nul/Tel/Ça ne doit manger ce qu'il n'a gagné par son travail, lui répondit la fourmi sentencieuse. **La plupart/Le mien/Celle-ci,** ajouta-t-elle non sans fierté, m'a permis d'amasser un petit magot grâce auquel je vais aller passer le Jour de l'An aux Antilles.

Or, au pays de la libre entreprise, **chacun/personne/nul** est libre de travailler, donc de manger.

À quoi/Que/À qui faisiez-vous cet été ma chère ? **À quoi/Que/À qui** pensiez-vous ? **Desquelles/À quelles/Auxquelles** activités professionnelles et lucratives vous livriez-vous ? **Cela/Personne/Rien** n'ignore que c'est aux beaux jours qu'on amasse pour l'hiver : **telle/à quoi/tout** est la loi qui fait tourner le monde.

Je chantais, répondit en tremblant la cigale (**à laquelle/cela/celle-ci**, en effet, était artiste).

Vous chantiez, s'exclama la fourmi, au lieu de gagner le bon argent ! **D'aucuns/duquel/certain** se moqueraient de vous. Moi, je vous conseille de danser maintenant !

XII. LE FUTUR ET LE FUTUR ANTÉRIEUR

Quand les chats siffleront, à beaucoup de choses nous croirons.

A. LE FUTUR : EMPLOIS

309 Transformez ces certitudes en projets. Utilisez le futur simple.

Exemple : Nous allons vieillir ensemble. → Nous **vieillirons** ensemble.

a. Vous allez faire des voyages.

→ . . . .

b. Il ne va pas falloir déménager avant dix ans.

→ . . . .

c. Ton fils va vouloir s'installer à l'étranger ?

→ . . . .

d. On va tenir une librairie à Nîmes ?

→ . . . .

e. Tu ne vas pas envoyer tes enfants en Angleterre ?

→ . . . .

f. Je ne vais pas mourir de froid en Norvège.

→ . . . .

g. Nous allons avoir 40 ans en l'an 2010.

→ . . . .

h. Elles vont voir ce dont on est capable !

→ . . . .

310 Indiquez si le futur exprime une certitude *(C)*, une proximité immédiate *(P)*, une hypothèse *(H)* ou une prévision *(PR)*.

Exemple : Martine démissionnera le mois prochain. *(PR)*

a. Prenez un café, vous allez vous endormir ! (   )

b. Dans cinq mois, elle passera le bac. (   )

c. On va envoyer des invitations pour notre réception. (   )

d. Vous pourrez vous installer chez nous si vous le souhaitez. (   )

e. Ton mari saura retrouver la route de nuit ? (   )

f. Dépêche-toi, on va rater le train ! (   )

g. On affirme qu'il fera beau demain. (   )

h. Michel ne va pas tarder à rentrer. (   )

3/1 Complétez les phrases suivantes par le futur proche ou le futur simple.

Exemples : Le film (commencer) ***va commencer*** dans cinq minutes.

Cette année, nous (prendre) ***prendrons*** trois semaines de congés.

a. En 2020, la population de la France (atteindre) . . . . 61 à 66 millions d'habitants.

b. Comme il n'a pas de monnaie, il (en demander) . . . . à la boulangerie.

c. Nous (partir) . . . . quand tu (vouloir) . . . .

d. Je (vous demander) . . . . un petit service : pourriez-vous me prêter votre tire-bouchon ?

e. Écoutez bien ; je (vous expliquer) . . . . les règles de l'accord du participe passé.

f. Nos amis américains (venir) . . . . nous voir dans deux ans ; ils nous l'ont promis.

g. Le temps (ne pas s'améliorer) . . . . avant une dizaine de jours ; la météo vient de l'annoncer.

h. On dit que d'ici vingt ans, les Européens (payer) . . . . leurs achats en euros !

3/2 Rayez ce qui ne convient pas.

Exemple : Si tu ne travailles pas davantage, tu (ne seras pas admise/~~ne vas pas être admise~~) à Sciences Po.

a. J'ai sommeil, je (me coucherai /vais me coucher). Bonne nuit !

b. Ils ont pris leur décision : ils (achèteront /vont acheter) une maison dans le Sud-Ouest dans un an.

c. Il est déjà 8 heures ! On (prendra/ va prendre) le métro pour être sûr d'arriver à l'heure !

d. Ils (se marieront/ vont se marier) quand ils auront terminé leurs études.

e. Vous venez avec moi, je (me promènerai /vais me promener) sur les quais.

f. Le mois prochain, ils (fêteront/vont fêter) leurs noces d'argent. Ils nous ont invités.

g. Donne-moi la main, on (traversera/va traverser) la rue.

h. Dans quelques années, les Français (vont avoir/auront) tous un ordinateur domestique.

3. LE FUTUR ANTÉRIEUR : MORPHOLOGIE

3/3 Écrivez ces verbes au futur antérieur.

Exemples : Tu viendras. → ***Tu seras venu(e).***

Elles comprendront. → ***Elles auront compris.***

a. Vous serez → . . . .

b. Nous tiendrons → . . . .

c. Tu partiras → . . . .

d. Il enverra → . . . .

e. On devra → . . . .

f. Elles auront → . . . .

g. Je pourrai → . . . .

h. Nous saurons → . . . .

314 Complétez ce tableau par le futur simple ou le futur antérieur.

Exemples : Vous finirez. ← ***Vous aurez fini.***

Elle sortira. → Elle sera sortie.

a. On aura. →.....................................

b. .... ← Ils auront couru

c. Nous voudrons. → ....

d. .... ← Il aura fallu

e. .... ← Il aura voulu

f. J'irai. → ....

g. .... ← Vous aurez vu

h. Tu deviendras. → ....

315 Soulignez les verbes au futur antérieur.

Exemples : Elle sera invitée à mon anniversaire.

Ils <u>seront tombés</u> dans le piège.

a. Un courrier vous sera adressé.

b. À 8 heures, il sera parti depuis longtemps.

c. Elles seront allées chez Fabrice !

d. Tu seras convoqué en juin.

e. Vous serez arrivés avant nous.

f. Son bébé ne sera pas encore né.

g. Ils seront passés par la banlieue.

h. Tu seras reçu par Mlle Vignot.

316 Écrivez les verbes entre parenthèses au futur antérieur.

Exemple : Avant un mois, les ouvriers ***auront terminé*** ce bâtiment. (terminer)

a. Quand tu .... ce livre, tu pourras me le prêter ? (finir)

b. Elle se demande si elle .... une réponse avant son départ. (recevoir)

c. Le chien s'est échappé : on .... de fermer la porte du jardin ! (oublier)

d. Nous sommes en retard ; j'imagine que le taxi .... (ne pas nous attendre)

e. On réglera la facture aussitôt qu'on .... (la recevoir)

f. À partir du moment où vous .... ce film, vous pourrez en parler. (voir)

g. Une fois que nous ...., nous adorerons le village. Elle me l'a assuré. (s'installer)

h. L'année prochaine, Jean .... son doctorat de médecine. (achever)

C. LE FUTUR ANTÉRIEUR : VALEURS ET EMPLOIS

317 Indiquez si le futur antérieur exprime une antériorité *(A)*, une supposition *(S)* ou une certitude *(C)*.

Exemple : Il n'a pas pu entrer ; il sera arrivé trop tard. **(S)**

a. Dans six mois, les arbres auront poussé. ( )

b. Dès que j'aurai appris les résultats, je vous préviendrai. ( )

c. Aussitôt que nous nous serons mis d'accord, nous signerons le contrat. ( )

d. Sa mère sera revenue pour l'été prochain. ( )

e. Quand tu auras éteint les lampes, je commencerai la projection. ( )

f. Tu n'as pas le journal ? Tu l'auras laissé chez le marchand de journaux. ( )

g. François n'est toujours pas là ; il aura eu du monde sur la route. ( )

h. En octobre prochain, tu auras été admise à l'université. ( )

318 Indiquez l'ordre chronologique de ces actions.

Exemple : Je t'interrogerai *(2)* lorsque tu auras étudié *(1)* ta leçon.

a. Avant que vous ne lui téléphoniez ( ), Lucie sera passée ( ) vous voir.

b. Nous pourrons faire ( ) cet exercice dès que vous nous l'aurez expliqué ( ).

c. Une fois que tu lui auras demandé ( ) ce service, il se mettra ( ) en quatre pour te le rendre.

d. Tant qu'il ne l'aura pas vu ( ) de ses propres yeux, il ne nous croira ( ) pas.

e. Nous partirons ( ) faire les courses aussitôt que la pluie aura cessé ( ).

f. Vous rentrerez ( ) à la maison aussitôt qu'on vous aura appelés ( ).

g. Ils ne prendront ( ) pas le large tant que la grand-voile n'aura pas été changée ( ).

h. Le jardinier aura taillé ( ) les haies avant qu'ils ne reviennent ( ).

319 Marquez l'antériorité dans le futur. Faites des phrases à partir des éléments donnés.

Exemple : Marie /1- lire/2- téléphoner

→ ***Quand Marie aura lu ta lettre, elle te téléphonera.***

a. Mes parents/1- faire construire/2- prendre leur retraite

→ ....

b. Louis/1- arriver/2- rappeler

→ ....

c. Le directeur/1- signer/2- convoquer

→ ....

d. Je/2- dîner/1- préparer

→ ....

e. On/2- sortir/ 1- achever

→ ....

f. Vous/2- répondre/1- réfléchir

→ ....

g. Tu/2- prévenir/1- choisir

→ ....

h. Sa fille/2- se marier/1- découvrir

→ ....

320 Exprimer l'antériorité. Complétez les phrases suivantes par les verbes entre parenthèses au futur simple ou au futur antérieur.

Exemple : Lorsque vous *aurez visité* ce village, vous *voudrez* vous y installer. (visiter/vouloir)

a. Nous . . . . la route aussitôt que le garagiste . . . . la voiture (prendre/réparer)

b. Quand vous . . . ., les petites . . . . (revenir/changer beaucoup)

c. Elle . . . . un logement une fois qu'elle . . . . un emploi. (chercher trouver)

d. Tant que vous . . . . cette exposition, vous . . . . le droit d'en parler. (ne pas voir/ne pas avoir)

e. À partir du moment où ils . . . . leurs études, ils . . . . vivre ensemble. (terminer/pouvoir)

f. Dès que tu . . . ., tu . . . . m'accompagner à la gare. (déjeuner devoir)

g. On lui . . . . une voiture quand il . . . . son permis de conduire. (offrir/obtenir)

h. Vous . . . . jouer quand vous . . . . votre chambre. (aller/ranger)

321 Exprimez l'antériorité dans le futur : mettez les verbes au futur simple, au futur antérieur ou au subjonctif présent (parfois plusieurs possibilités).

Exemple : Nous *aurons commencé* les travaux d'ici la fin du mois. (commencer)

a. Vous . . . . le ménage avant le retour des enfants. (faire)

b. Elle regardera le film après qu'il . . . . (partir)

c. Tout devra être prêt avant qu'on . . . . (rentrer)

d. Tu . . . . ma voiture aussitôt qu'on me la . . . . (essayer/livrer)

e. Lorsque vous . . . . votre texte, vous . . . . cette pièce de Beckett au théâtre ? (apprendre/jouer)

f. Son mari . . . . lorsqu'elle . . . . à la maison. (tout préparer arriver)

g. M. Dubois vous . . . . dès que son client . . . . congé. (recevoir/prendre)

h. On ne vous . . . . pas partir tant que vous . . . . votre faute. (laisser/avouer)

322 Émettez des hypothèses concernant le passé à l'aide du futur antérieur.

Exemple : Delphine n'est pas rentrée, comment expliquer ce retard ?

Perte de sa carte orange.

→ *Elle aura perdu sa carte orange.*

a. Oubli de notre soirée en tête à tête.

→ . . . .

b. Rendez-vous de dernière minute.

→ ....

c. Rencontre de sa sœur dans la rue.

→ ....

d. Coup de fil de William, son meilleur ami.

→ ....

e. Courses aux grands magasins.

→ ....

f. Lettre urgente à poster.

→ ....

g. Contrôle d'identité dans le métro.

→ ....

h. Envie de flâner un peu.

→ ....

323 **Répondez aux questions suivantes par des certitudes pour l'avenir.**

Exemple : Dans vingt ans, qu'est-ce qui aura changé ?

Découverte du vaccin contre le Sida.

→ ***On aura découvert le vaccin contre le Sida.***

→ ***Le vaccin contre le Sida aura été découvert.***

a. Équipement d'un système antipollution pour tous les véhicules.

→ ....

→ ....

b. Interdiction de fumer dans les lieux publics.

→ ....

→ ....

c. Réglementation plus stricte des ventes de boissons alcoolisées.

→ ....

→ ....

d. Fermeture des établissements scolaires le samedi.

→ ....

→ ....

e. Développement de nouveaux réseaux de communication.

→ ....

→ ....

f. Extension de l'enseignement des langues vivantes.

→ ....

→ ....

g. Recul de l'âge de la retraite.

→ ....

→ ....

h. Réduction de la vitesse sur les routes.

→ ....

→ ....

324 Prédisez un avenir rose pour Constantin qui a aujourd'hui 6 mois. Utilisez de tournures passives du futur antérieur.

Exemple : (études) *Dans vingt ans, il aura été accepté brillamment dans une grand école d'ingénieur.*

a. (amitié) ....
....

b. (vie professionnelle) ....
....

c. (amour) ....
....

d. (famille) ....
....

e. (invention) ....
....

f. (notoriété) ....
....

g. (ressources financières) ....
....

h. (bilan d'une vie heureuse) ....
....

Bilan

325 Complétez ce dialogue par les verbes donnés en bas de page aux temps qui conviennent.

Visite chez Mme Irma, voyante célébrissime

– Voilà, j'ai de grandes décisions à . . . . (a) et je souhaite que vous me . . . . (b) les lignes de la main.

– Tout d'abord, je vois que vous . . . . (c) une période très mouvementée, je me trompe ?

– En effet, je . . . . (d) en mission au Viêt-nam le mois prochain.

– Oui, c'est cela. Je crois aussi que ce voyage . . . . (e) des conséquences graves sur votre vie affective, non ?

– Vous voulez parler de mon fiancé ? Vous croyez qu'il . . . . (f) d'avis à mon retour, qu'il m' . . . . (g) ?

– Oubliée, je ne pense pas mais peut-être qu'il vous . . . . (h) moins !

– Qu'est-ce que je . . . . (i) sans lui ?

– Attendez, la situation . . . . (j). Je distingue un homme, loin, très loin ; il . . . . (k) éperdument amoureux de vous. Il vous . . . . (l) de l'épouser.

– Et j'. . . . . (m) ?

– Quand vous . . . . (n) aux charmes de l'étranger, vous (ne plus) . . . . (e) aucune hésitation. Votre état d'esprit . . . . (f) totalement.

– Avant que je . . . . (d), pensez-vous que je . . . . (o) parler de tout ça à mon fiancé ?

– À votre place, je m'abstiendrais. Laissez le temps . . . . (p) son travail !

a. prendre   b. lire   c. traverser   d. partir   e. avoir   f. changer   g. oublier   h. aimer
i. devenir   j. s'améliorer   k. tomber   l. proposer   m. accepter   n. goûter   o. devoir
p. faire

XIII. LES FORMES EN -ANT

En parlant du soleil, on voit ses rayons.

A. L'ADJECTIF VERBAL

 Reconstituez les phrases en accordant si nécessaire l'adjectif verbal souligné.

a. Nous sommes allés voir tes parents	1. car vous étiez <u>consentant</u>... messieurs.
b. Gildas a trouvé les argumentations	2. sont dus aux produits <u>irritant</u>... avec lesquels je fais ma lessive.
c. Grand-père est fier de ses petits-enfants	3. les fromages français ne sont pas très <u>ragoûtant</u>...
d. Nicole ne boit plus de café.	4. des deux procureurs <u>déroutant</u>...
e. Attention à ne pas tutoyer cet homme,	5. que nous avons trouvés bien <u>portant</u>**s**...
f. Pour nombre d'étrangers,	6. qu'il trouve <u>épatant</u>...
g. Les petits boutons que j'ai sur les bras	7. Elle trouve que c'est une boisson trop <u>excitant</u>...
h. Ne dites pas que je vous ai pris au piège	8. c'est un personnage <u>important</u>...

 Soulignez l'adjectif verbal lorsqu'il apparaît dans une de ces phrases.

Exemples : Zazie est une petite fille ne prenant jamais le métro.

Françoise m'a dit qu'elle avait trouvé le dernier spectacle de Jérôme Deschamps <u>consternant</u>.

a. Le résultat de cette élection est inquiétant pour l'avenir du pays.
b. Comme le disait Pascal, « l'homme est un roseau pensant ».
c. Je trouve surprenant de comparer Philippe Labro à André Gide.
d. *La Vie mode d'emploi* est vraiment un roman étonnant.
e. J'aime bien cette affiche de Gérard Philipe dévorant un livre.
f. Alain est un garçon dansant le tango comme un Argentin.
g. Je déteste Claude Lelouch. Je le trouve irritant.
h. Tout le monde dit de René qu'il n'est qu'un fainéant.

328 Trouvez pour chacune de ces phrases l'adjectif verbal correct et accordez-le si nécessaire : *percutant, chevrotant, exorbitant, dégoulinant, débilitant, hésitant, dégoûtant, éreintant, exaltant.*

Exemple : L'argumentation de Maître Pascale Borenstein fut **percutante**.

a. Vous reconnaîtrez facilement l'auteur de ce roman : il a la voix . . . .

b. Cessez de regarder la télévision. C'est une activité . . . .

c. Je n'achèterai jamais de viande de cheval ; je trouve cela . . . .

d. Ce plat est immangeable, il est . . . . de graisse.

e. Mon déménagement a été . . . . et mes amis s'en souviendront longtemps.

f. Chaque fois que j'entends chanter Maria Callas, je trouve sa voix . . . .

g. Monique apprécie beaucoup ta peinture mais trouve tes tarifs . . . .

h. Les Fouquey ne savent pas s'ils achètent ou non cet appartement. Ils sont . . . .

329 Transformez ces phrases en employant un adjectif verbal.

Exemple : Nous nous sommes regardés dans des glaces (qui déforment).
→ Nous nous sommes regardés dans des glaces **déformantes**.

a. Thomas est prêt à accepter n'importe quel travail, même (celui qui rebute le plus).
→ . . . .

b. Nous avons essayé de décaper la commode mais la peinture (résiste).
→ . . . .

c. Les décisions prises par la direction (révoltent).
→ . . . .

d. Les chanteurs du groupe étaient vêtus de costumes (qui brillaient).
→ . . . .

e. Il est très gentil mais ses propos (lassent).
→ . . . .

f. *Le Petit Chose* est un roman (auquel on s'attache).
→ . . . .

g. Ne vous appuyez pas contre ce mur, (il branle).
→ . . . .

h. Lucien a une nouvelle (qui embête) à annoncer à sa mère.
→ . . . .

330 Soulignez l'adjectif verbal lorsqu'il est employé dans ces phrases.

Exemples : J'aime beaucoup cet arbuste à feuillage <u>persistant</u>.

De toutes les personnes assistant à l'opération, ce sont les infirmières qui m'ont le plus impressionné.

a. Il n'est pas rare que des enfants battus par leurs parents deviennent des parents battan leurs enfants.

b. Dans le film de Renoir, *La Grande Illusion*, le dialogue entre Pierre Fresnay et Erich von Stroheim est particulièrement marquant.

c. Connaissez-vous l'épisode de don Quichotte combattant les moulins à vent ?

d. Chacun s'accorde pour trouver très innovant le nouveau procédé de freinage mis au point pa Citroën.

e. L'achat de cette station-service a représenté un véritable tournant dans sa vie.

f. Ce débutant exécutant une œuvre de Ravel est un représentant très impressionnant de la jeune génération de pianistes français.

g. Donnez-moi une pommade désinfectant les plaies superficielles, s'il vous plaît.

h. Nous avons vu les images de l'assaut mené contre le palais de Grozny. Nous trouvons ça particulièrement émouvant.

B. LE GÉRONDIF PRÉSENT ET PASSÉ

331 Exprimez une relation de cause à effet par l'emploi du gérondif à partir des phrases suivantes.

Exemple : Quand j'étais étudiant, j'ai acheté ma première voiture. Je travaillais comm veilleur de nuit.

→ Quand j'étais étudiant, j'ai acheté ma première voiture **en travaillant comm veilleur de nuit**.

a. René a creusé un puits dans son jardin. Il a découvert un trésor.

→ ....

b. J'ai appris l'anglais. J'ai voyagé longtemps en Asie.

→ ....

c. Le député a bénéficié du report de voix d'un parti extrémiste. Il a été élu.

→ ....

d. Marylène a découvert qu'elle était myope. Elle a constaté que tous les films lui paraissaien flous.

→ ....

e. André fait une recherche dans le Minitel. Il a retrouvé mon adresse.

→ ....

f. Brigitte et Henri se sont appuyés sur les garanties offertes par leurs parents. Ils ont pu louer ce appartement.

→ ....

g. Jean a croisé Michèle. Il est tombé amoureux d'elle.

→ ....

h. L'instituteur voit l'enfant lever la main. Il comprend que l'enfant connaît la réponse.

→ ....

332 Reconstituez les phrases.

a. Je suis sorti de la salle

b. Cette entreprise a réussi à maintenir ses parts de marché

c. Dans les années soixante, les paysans ont considérablement développé les rendements

d. Le général de Gaulle s'est mis à dos les Américains et les Britanniques

e. Ferdinand de Lesseps s'est rendu célèbre

f. Molière a pu faire carrière

g. Le président Louis Napoléon est devenu Napoléon III

h. Rabelais est passé à la postérité

1. en ayant acquis la protection du frère de Louis XIV.

2. en ayant organisé un coup d'État.

3. en ayant percé le canal de Suez.

4. tout en ayant conservé l'intégralité de son personnel.

5. en ayant raconté l'histoire de Gargantua et de Pantagruel.

6. en ayant ri pendant toute la durée du film.

7. en ayant regroupé les petites parcelles.

8. en ayant décidé de constituer une défense française autonome.

333 Parmi ces deux actions simultanées, soulignez celle qui vous paraît être la principale puis écrivez une phrase en employant le gérondif.

Exemple. Les Parisiens prennent le métro. Ils lisent souvent le journal.
→ *Les Parisiens lisent souvent le journal en prenant le métro.*

a. Édouard fume. Édouard conduit très souvent.
→ . . . .

b. Je fume, ce qui est détestable pour ma santé comme pour celle de mes collègues. Je travaille.
→ . . . .

c. Sylvie est entrée dans le magasin pour acheter une paire d'espadrilles. Sylvie tient son fils par la main.
→ . . . .

d. Nous avons regardé la télévision. Nous avons terminé la boîte de chocolats que papa m'avait offerte pour mon anniversaire.
→ . . . .

e. Vous chantez. Vous bricolez souvent.
→ . . . .

f. Il chante chaque jour, ce qui lui permet d'entretenir sa voix. Il jardine.
→ . . . .

g. Depuis toujours, Frédérique écrit ses articles. Elle écoute la radio.
→ . . . .

h. Thierry prépare le repas du soir. Thierry écoute toujours France-Inter.
→ . . . .

334 Construisez des phrases avec le gérondif lorsque cela est possible.

Exemples : Vous m'attendiez devant la statue de Jeanne d'Arc alors que moi j'étais devant celle de Charlemagne. (*Impossible*)

Vous regardiez sans cesse votre montre et espériez que je ne serais pas en retard à notre rendez-vous.

→ *Vous regardiez sans cesse votre montre en espérant que je ne serais pas en retard à notre rendez-vous.*

a. Comme j'écoutais la radio, j'ai appris la mort de Charles Denner.

→ . . . .

b. Comme il était trop tard, nous ne sommes pas allés au cinéma.

→ . . . .

c. Philippe a bu une bouteille de Mouton-Cadet et a dégusté un perdreau sur canapé.

→ . . . .

d. Pendant que je calculais, tu ronflais comme un sonneur.

→ . . . .

e. Pendant qu'Odile faisait ses comptes, elle a constaté qu'elle vivait bien au-dessus de ses moyens.

→ . . . .

f. Il tombait une petite pluie fine et glaciale et il s'est mis à courir.

→ . . . .

g. Tu as pris le métro pour aller chez Eugène alors que moi, j'y suis allé à pied.

→ . . . .

h. Alors qu'elle dîne avec ses amis, elle téléphone à ses parents.

→ . . . .

335 Reconstituez ces phrases.

a. Il m'a épargné l'huissier   1. en travaillant très dur.

b. Je me suis blessé   2. en vendant du tabac.

c. Il est tombé malade   3. en contractant trop de crédits.

d. Le gouvernement compte redynamiser certains groupes industriels   4. en me prêtant de l'argent.

e. Jérôme a obtenu son diplôme   5. en agrafant la tapisserie.

f. Ophélie s'est passionnée pour l'histoire antique   6. en voyageant en Syrie et au Liban

g. Nous nous sommes ruinés   7. en mangeant des huîtres.

h. Le gouvernement gagne beaucoup d'argent   8. en les privatisant.

336 Transformez les phrases suivantes en employant le gérondif.

Exemple : Pour arriver plus vite, une seule condition : emprunter l'autoroute.
→ ***En empruntant l'autoroute, vous arriverez plus vite.***

a. Pour vous soigner, il faut prendre ces médicaments.

→ ....

b. Pour ne pas être en retard, il faut partir avant 22 h 30.

→ ....

c. Si vous voulez gagner beaucoup d'argent, il faut travailler dur.

→ ....

d. Ne prenez pas de risques : attachez votre ceinture de sécurité.

→ ....

e. Pour garantir la démocratie : votez.

→ ....

f. Afin de garder l'esprit toujours ouvert, lisez des romans.

→ ....

g. Pour entrer dans ce restaurant, passez par la porte du fond.

→ ....

h. Si tu souhaites devenir écrivain, tu dois lire.

→ ....

337 Complétez ces phrases selon votre imagination.

Exemple : En ayant ***longtemps vécu en Provence***, Cézanne s'est imprégné de couleurs qui n'existent nulle part ailleurs.

a. Je serais heureux en ayant ....

b. En ayant ...., vous ne seriez pas au chômage aujourd'hui.

c. En ayant ...., je serais multimillionnaire aujourd'hui.

d. En étant ...., Franck a pu attraper le pot de confiture.

e. En étant ...., quelques rares privilégiés ont pu échapper à la guerre.

f. En ayant ...., Marie s'est condamnée à vivre dans le brouillard.

g. En étant ...., j'ai découvert qu'elle était mariée.

h. En ayant ...., mes rosiers sont magnifiques cette année.

338 Imaginez un début ou une fin pour chacune de ces phrases.

Exemples : En ayant parcouru tous ces kilomètres à vélo, ***tu devrais être fatigué***.
En ayant donné ta démission, tu ne peux prétendre à aucune indemnité de licenciement.

a. Il m'a témoigné sa confiance ....

....

b. Les Français ont permis au gouvernement de réduire une partie de la dette publique ......

....

c. En ayant revendu ces tableaux, ...

....

d. ....

...., tu devrais être un véritable érudit.

e. En ayant décidé de sous-traiter une partie de ses activités, ...
. . . .

f. . . . .
. . . . , on est en droit d'espérer de meilleurs résultats

g. . . . .
. . . ., tu as réussi à éveiller sa sensibilité

h. . . . .
. . . . en ayant consulté le 36 15 SNCF

---

339 **Mettez les verbes entre parenthèses au gérondif présent ou passé, selon ce qu**
propose la consigne.

Exemple : Vous avez fait une bonne affaire (échanger) cette toile contre ces livres. *(passé)*
→ Vous avez fait une bonne affaire ***en ayant échangé*** cette toile contre ces livres

a. Tu t'es foulé la cheville (jouer) au tennis. *(présent)*
→ . . . .

b. Certains sportifs professionnels ne paient pas d'impôts (acquérir) la nationalité monégasque. *(passé*
→ . . . .

c. J'ai renoncé à prendre la mer (écouter) le bulletin de la météo marine. *(présent)*
→ . . . .

d. Ravaillac a remis en cause la sécurité des protestants en France en (assassiner) Henri IV. *(passé*
→ . . . .

e. Cécile s'est fait de l'argent de poche (garder) des enfants. *(présent)*
→ . . . .

f. En (peindre) *Guernica*, Picasso a témoigné pour l'éternité de l'horreur de la guerre d'Espagne
(passé)
→ . . . .

g. Nous avons retrouvé de vieux amis de lycée (faire les courses) au supermarché. *(présent)*
→ . . . .

h. Le commissaire Bourel, (résoudre) cette énigme, s'était bâti une réputation de fin limier. *(passé*
→ . . . .

---

340 **Reconstituez les phrases suivantes.**

a. En ayant choisi d'aller vivre à l'étranger,
b. Louis Malle est devenu célèbre

c. J'ai répondu à l'agent de police
d. Pascale est toujours malade
e. J'ai pris tous ces kilos

f. C'est en forgeant
g. Gérard d'Aboville a traversé
l'océan Atlantique
h. En regardant à travers la vitre,

1. en ayant grignoté en dehors des repas.
2. j'ai vu que Mme Landru était en tra
d'assommer son mari.
3. en ramant.
4. qu'on devient forgeron.
5. en réalisant *Le Monde du silence* pour
commandant Cousteau.
6. en l'insultant.
7. en prenant l'avion.
8. j'ai pris l'une des décisions les plus
importantes de ma vie.

C. LE PARTICIPE PRÉSENT ET LE PARTICIPE PRÉSENT PASSÉ

341 Complétez les phrases par l'un de ces verbes en le mettant au participe présent :
offrir, regarder, porter, savoir, surplomber, brandir, faire, répondre, concerner, parler.

Exemple : J'ai choisi l'assurance **offrant** les meilleures garanties contre le vol.

a. J'ai acheté la maison . . . . le village.

b. L'homme . . . . les cent pas devant la bijouterie est le mari de Gertrude.

c. Quand tu viendras me voir, apporte-moi les dossiers . . . . les années 54 à 62.

d. Une personne . . . . au signalement communiqué par la presse a été vue ce matin devant l'école.

e. L'instituteur félicite les enfants . . . . leur récitation.

f. La jeune femme . . . . suédois et . . . . un tailleur vert est le nouveau directeur général du groupe.

g. Ne dérangez jamais un homme . . . . un match de football à la télévision.

h. Les syndicalistes remontaient le boulevard . . . . un calicot sur lequel était écrit : « Non aux privatisations ».

342 Regroupez les éléments pouvant constituer une même phrase.

a. L'architecte   *étant nés*   1. des pots-de-vin vient d'être condamné.

b. Les personnes   *ayant touché*   2. le jeune Marc a eu un accident.

c. Le philosophe   *étant arrivés*   3. ce film ont tous été emballés.

d. Le député   *étant allés voir*   4. à l'heure ont été félicités.

e. Le juge   *ayant abandonné*   5. le palais de justice vient de mourir.

f. Tous les enfants   *ayant condamné*   6. leur chien ont été retrouvées.

g. Les étudiants   *ayant dessiné*   7. le prix Nobel vient d'annoncer qu'il le refusait.

h. Les gens   *ayant reçu*   8. en fin d'année n'auront pas de place en crèche.

343 Imaginez une conséquence pour terminer les phrases suivantes.

Exemple : Guillaume n'ayant obtenu la moyenne ni en français ni en mathématiques **a été recalé au baccalauréat**.

a. Julien n'ayant aucune famille, il a été impossible de . . . .

b. Les enfants n'ayant pas terminé leur dîner . . . .

c. Cette actrice n'ayant aucun talent . . . .

d. Le premier tour des élections ayant été annulé, ...

e. Cette décision ne semblant pas susciter ton enthousiasme, ...

f. Les conducteurs de rames de métro faisant la grève, ...

g. Sylvie recevant de nombreux amis ce soir, ...

h. Les marins ayant découvert le continent américain . . . .

344 Reconstituez les phrases suivantes.

a. La loi condamnant les criminels de guerre
b. Les archéologues ayant abandonné leurs recherches
c. Les écrivains publiant dans cette collection
d. Les deux statues dominant l'entrée des Champs-Élysées
e. La vente des véhicules entraînant une pollution insoutenable
f. Les pays générant le plus de richesses industrielles
g. Le chien courant derrière la balle
h. La cigarette produisant des effets catastrophiques chez les jeunes

1. appartient à Olivier.
2. n'est pourtant pas interdite à la vente
3. vient d'être appliquée à La Haye.
4. sera prochainement limitée.
5. sont aussi ceux qui créent le plus de déchets dans le Tiers monde.
6. sont des copies.
7. sont tous des universitaires prestigieux.
8. sont tous retournés dans leurs pays respectifs.

345 Imaginez des phrases à partir des structures verbales qui vous sont proposées.

Exemple : ayant composé → *Le chanteur français ayant composé le plus de succès ce trente dernières années était Serge Gainsbourg.*

a. ayant soigné → . . . .

b. montant → . . . .

c. ayant apprécié → . . . .

d. ayant révélé → . . . .

e. participant → . . . .

f. rechignant → . . . .

g. ayant visité → . . . .

h. ayant préparé → . . . .

346 Quelle conséquence pouvez-vous imaginer à chacun de ces extraits de courriers ou d'articles ?

Exemple : Étant sans nouvelles de vous depuis le 21 janvier, ***nous nous voyons contraints d'annuler votre réservation***.

a. N'ayant pas reçu le chèque correspondant à la commande 20 237, ...
. . . .

b. Comptant sur votre diligence, ...
. . . .

c. Le prévenu ayant refusé de comparaître, ...
. . . .

d. N'ayant pu entrer dans la maison, ...
. . . .

e. Mon fils étant souffrant, ...
. . . .

f. Le gouvernement ayant repoussé les conditions des syndicats, ...
. . . .

g. Passant mon permis de conduire le 24 juin à 8 heures, ...
. . . .

h. Vous souhaitant bonne réception, ...
. . . .

347 Distinguez l'adjectif verbal du participe présent en soulignant ce dernier.

Exemples : J'ai reçu un coup de fil attristant.
Les enfants <u>mangeant</u> du fromage fortifient leurs os.

a. Je n'ai pas préparé de repas fin, juste un plat bien consistant.
b. La météo prévoit un brouillard persistant sur toute la région.
c. Les voitures roulant très vite devraient être interdites.
d. Une personne voyageant en train découvre mieux un pays qu'une autre prenant l'avion.
e. Mes parents trouvent mon nouveau style vestimentaire provocant.
f. Les architectes travaillant encore à la règle et au crayon se font de plus en plus rares.
g. Françoise est au régime pourtant elle trouve ce morceau de brie bien tentant.
h. René a trouvé dans une brocante une pendule fonctionnant parfaitement.

348 Soulignez les participes présents.

Exemples : Les étudiants <u>manifestant</u> depuis trois semaines ont été reçus par le ministre ce matin.
Les manifestants <u>étudiant</u> la proposition du ministre donneront leur réponse en fin de soirée.

a. Nous avons assisté au congrès et j'ai discuté avec un exploitant agricole.
b. Les agriculteurs exploitant de petites surfaces sont condamnés à disparaître.
c. Murielle enseignant depuis trente ans va bientôt prendre sa retraite.

d. Pascal a choisi la carrière d'enseignant.

e. Certains religieux, protestant contre la politique immobilière de la municipalité, ont été mis en garde à vue.

f. Henri de Navarre était protestant mais dut se convertir au catholicisme pour monter sur le trône de France.

g. On a dit de cet homme d'affaires que c'était un gagnant.

h. Certains industriels gagnant beaucoup d'argent soutiennent des partis politiques.

 Transformez les phrases relatives ou circonstancielles en employant un participe présent, un gérondif ou un adjectif verbal. Attention aux modifications nécessaires.

Exemple : Les enfants qui partent dans les Landes cet été nous ont demandé de leur acheter des planches de surf.

→ Les enfants **partant** dans les Landes cet été nous ont demandé....

a. J'adore Italo Calvino parce qu'il raconte toujours des histoires qui passionnent et déstabilisent en même temps.

→ . . . .

b. Comme Sophie était très fatiguée, elle a décidé de ne pas sortir avec nous.

→ . . . .

c. La voiture a quitté la route quand elle a dérapé sur une plaque de verglas.

→ . . . .

d. Chaque matin, Nadine mange une banane qui est un fruit qui nourrit beaucoup.

→ . . . .

e. Il a déjà vu le film, alors ça ne l'intéresse pas de retourner le voir ce soir avec nous.

→ . . . .

f. Mon père a croisé Antoine Doinel lorsqu'il est passé au bureau de poste.

→ . . . .

g. Nous trouvons que, en ce moment, tu es dans une forme qui éblouit.

→ . . . .

h. Jacques qui souffre d'un ulcère à l'estomac ne doit pas boire de café.

→ . . . .

Bilan

350 Complétez ce texte en utilisant les éléments de cette liste : *discutant, ayant, demeurant, en passant, en courant, saluant, reconnaissant, Ayant, remarquant, extravagant, éblouissant, en ... observant, étonnant.*

Hier, j'avais rendez-vous à 16 heures chez le coiffeur. **Remontant** à travers la foule du boulevard, je me sentis frôlé par un être mystérieux que je reconnus tout de suite, bien que ne l' . . . .(a) jamais vu avant. Lui-même me . . . . (b), me fit . . . .(c) un clignement d'œil significatif auquel je me suis hâté d'obéir. Je le suivis et descendis derrière lui dans une demeure souterraine d'un luxe . . . .(d). Il y avait là des visages étranges d'hommes et de femmes . . . .(e) les uns avec les autres. Il me sembla, ...(f) les . . . .(f) attentivement, en reconnaître certains que j'avais dû croiser dans des temps reculés. Quelques-uns, me . . . . (g), me faisaient des sourires amicaux, d'autres, ne . . . .(h) pas ma présence, restaient indifférents. Aucun ne paraissait hostile. Bref, tout cela était très . . . .(i) mais je me sentais presque chez moi. . . . .(j) soudain réalisé que j'allais être en retard à mon rendez-vous, j'ai décidé de sortir . . . .(k) de cet endroit . . . . (l), quitte à y revenir une autre fois.

C'est au contact du marbre froid d'une porte . . . .(m) obstinément close que je compris que j'étais dans mon lieu de résidence définitif : le premier sous-sol du cimetière du Père-Lachaise.

XIV. LA SITUATION DANS LE TEMPS

Il faut tourner sept fois sa langue dans sa bouche avant de parler.

A. LES REPÈRES TEMPORELS : DÉTERMINANTS ET PRÉPOSITIONS

351 Complétez par un déterminant lorsque c'est nécessaire.

> *Exemples : **L'**année dernière, l'été a été particulièrement chaud.*
>
> J'ai déjeuné avec ta sœur . . . . . lundi dernier.

a. Pour . . . . . Pâques, ils sont partis sur la côte basque.

b. . . . . . vendredi soir, nous avons invité les Piquart.

c. Pour . . . . . pont de . . . . . Ascension, il y a toujours beaucoup de monde sur les routes.

d. . . . . . jour de . . . . . Toussaint, les Français se rendent traditionnellement au cimetière.

e. Tu es libre . . . . . mardi prochain ? Non, ... mardi soir, je prends toujours des cours de natation.

f. . . . . . 1995 fut . . . . . année exceptionnelle pour la chaleur.

g. Nous avons passé . . . . . semaine au Québec, ... première semaine de . . . . . mai.

h. Pendant . . . . . nuit de . . . . . Saint-Jean, on allumait un grand feu dans les villages.

352 Utilisez les prépositions *à, au, en, de* lorsque c'est nécessaire.

> *Exemple : **De** mars **à** juin, c'est le printemps.*

a. . . . . . juin, arrive la saison des fruits rouges.

b. . . . . . mois d'octobre, de nombreux étudiants entrent à l'université.

c. Les températures sont les plus basses en France . . . . . janvier et . . . . . février.

d. C'est . . . . . printemps que la campagne est la plus belle.

e. Les estivants prennent leurs vacances . . . . . juin . . . . . septembre.

f. La saison de la pêche est ouverte . . . . . mois d'avril.

g. On pratique les sports d'hiver en France, à partir . . . . . décembre.

h. Les agriculteurs travaillent beaucoup . . . . . été.

353 Faites des phrases à partir des éléments suivants. Employez *en, au, sur* ou *dans*.

> *Exemple : François Mitterrand est mort/janvier 1995.*
>
> → François Mitterrand est mort **en** janvier 1995.

a. Les prix de l'immobilier ont baissé/les années 90.

→ . . . .

b. Certaines stations-service sont ouvertes sept jours/sept.

→ ....

c. Ils devraient passer/la matinée.

→ ....

d. La rentrée universitaire s'effectue/automne.

→ ....

e. Le commerce marche généralement bien/décembre.

→ ....

f. Le taux de chômage s'est stabilisé/1996.

→ ....

g. Les jours fériés sont très nombreux/mois de mai.

→ ....

h. Les étudiants prennent souvent un petit emploi/l'été.

→ ....

354 **Exprimez la durée. Complétez les phrases suivantes par** *en, dans* **ou** *sur*.

Exemple : Il aura terminé son service national ***dans*** quatre mois.

a. Jeanne a fait le tour de l'Inde . . . . trois semaines.

b. L'avion pour Hong-Kong décollera . . . . une demi-heure.

c. Nous avons pris un emprunt . . . . dix ans.

d. Le service des urgences est ouvert vingt-quatre heures . . . . vingt-quatre.

e. On propose des stages de conduite . . . . quatre semaines.

f. Il a obtenu sa licence d'anglais . . . . trois ans.

g. La nouvelle campagne de publicité est programmée . . . . six mois.

h. Nicolas a lu ce roman de Maurice Leblanc . . . . quelques heures.

355 **Faites des phrases au futur à partir des éléments donnés ; employez** *dans* **ou** *avant* **(parfois plusieurs possibilités).**

Exemples : Recevoir le programme/quelques jours.

→ ***Vous recevrez le programme dans quelques jours.***

Rapporter les dossiers d'inscription/fin juin.

→ ***Vous rapporterez les dossiers d'inscription avant la fin juin.***

a. Rappeler/quatorze heures.

→ ....

b. Répondre/une semaine.

→ ....

c. Envoyer une réponse/rentrée septembre.

→ ....

d. Déposer candidature/mi-mars.

→ ....

e. Retirer fiche d'inscription/début octobre.

→ . . . .

f. Obtenir réponse/deux mois.

→ . . . .

g. Avoir rendez-vous/fin trimestre prochain.

→ . . . .

h. Donner réponse définitive/six semaines.

→ . . . .

356 **Assemblez les éléments pour en faire des phrases (parfois plusieurs possibilités).**

a. début	1. décembre.
b. en	2. automne.
c. au	3. 3 avril.
d. à la	4. l'été.
e.	5. fin juin.
f. le	6. printemps.
g. après	7. Noël.
h. dans	8. un mois.
i. avant	9. 14 h 30.
j. à	10. mi-mars.
	11. fin de la semaine prochaine.

Vous serez convoqué

357 **Retrouvez le sens voisin de l'expression soulignée.**

Exemple : À mesure que la journée avançait, le froid se faisait plus intense.

    1. ☐ Dans la mesure où   2. ☒ En même temps que   3. ☐ À peine

a. Il se mit à neiger dès que la nuit fut tombée.

    1.☐ tant que   2. ☐ jusqu'à ce que   3. ☐ aussitôt que

b. Ils ont chanté jusqu'à ce que le jour se soit levé.

    1.☐ dès que   2. ☐ avant que   3. ☐ une fois que

c. Au cours de cette année-là, elle avait connu de nombreux revers de fortune.

    1.☐ Pendant   2. ☐ À partir de   3. ☐ Au bout de

d. Sitôt leur café avalé, ils enfilèrent leur manteau et partirent.

    1.☐ Avant   2. ☐ Une fois   3. ☐ Dès

e. Nous avons vécu près de dix ans dans la région.

    1.☐ pour   2. ☐ durant   3. ☐ environ

f. Au fur et à mesure qu'elle grandissait, sa beauté devenait éblouissante.

    1.☐ En grandissant   2. ☐ Chaque fois qu'elle grandissait   3. ☐ Aussitôt qu'elle grandissait

g. Dès sa vingtième année, elle entra au couvent.

    1.☐ Vers   2. ☐ À partir de   3. ☐ Au cours de

h. Elle y resta jusqu'à la fin de ses jours.

    1.☐ pour   2. ☐ durant   3. ☐ vers

358 Trouvez un sens voisin de l'expression soulignée.

Exemple : Il pleut <u>en ce moment</u> sur la Côte d'Azur.
   1. ☐ à ce moment-là   2. ☒ actuellement   3. ☐ de nos jours

a. <u>Tout à coup</u>, un violent orage éclata.
   1. ☐ Subitement   2. ☐ D'un seul coup   3. ☐ Auparavant

b. <u>Dès que</u> le dessert fut servi, elle prit la parole.
   1. ☐ Lorsque   2. ☐ Après que   3. ☐ Aussitôt que

c. Vous recevrez votre convocation <u>dans les</u> huit jours.
   1. ☐ d'ici   2. ☐ après   3. ☐ en

d. En marchant vite <u>durant</u> quinze minutes, on peut aller de la Concorde à l'Odéon.
   1. ☐ dans   2. ☐ avant   3. ☐ pendant

e. Ils partiront <u>pour</u> six mois au Venezuela.
   1. ☐ pendant   2. ☐ dans   3. ☐ avant

f. <u>Jadis</u>, les gens voyageaient moins.
   1. ☐ Autrefois   2. ☐ De nos jours   3. ☐ Naguère

g. Les cours reprendront <u>dès</u> la semaine prochaine.
   1. ☐ avant   2. ☐ après   3. ☐ à partir de

h. <u>Par les temps qui courent,</u> le chômage est devenu un véritable fléau.
   1. ☐ Actuellement   2. ☐ Ces derniers temps   3. ☐ Avec le temps

B. LA DURÉE

359 Rayez ce qui ne convient pas.

Exemple : Aujourd'hui, il a fait (un jour/une journée) magnifique.

a. Le samedi (matin/matinée), les écoles primaires sont ouvertes.

b. Yves entre (cet an/cette année) en apprentissage chez un décorateur.

c. Antoine aura douze (ans/années) en avril prochain.

d. Leur fille est admise en deuxième (an/année) de médecine.

e. (Ce soir/Cette soirée), aimeriez-vous faire une partie de cartes ?

f. Il n'a pas cessé de pleuvoir (du matin/de la matinée).

g. Ont-ils passé (le soir/la soirée) chez leurs enfants ?

h. (Ces derniers jours/Ces dernières journées), il a fait très doux pour la saison.

360   Assemblez les éléments pour en faire des phrases.

a. Nous passerons
b. Ça fait trois
c. Léo a dansé une grande partie
d. Nous avons rendez-vous lundi
e. Je vais au cinéma au moins
f. Il fait très beau
g. Elle n'est pas sortie depuis
h. Dimanche, on est resté enfermé la moitié

1. ans que ton père est mort ?
2. ce matin, tu ne trouves pas ?
3. un soir par semaine.
4. de la journée.
5. trois jours.
6. toute l'année 98 en Belgique.
7. de la soirée.
8. matin à 10 h 30.

361   Exprimer la durée avec *depuis, il y a, ça fait*. **Mettez les verbes au présent ou au passé composé.**

Exemple :   Sophie est partie vivre aux États-Unis l'année de ses vingt ans ; ça fait maintenant trois ans qu'elle y *habite*. (habiter)

a. Alain était mon copain au lycée ; on . . . . depuis douze ans. (ne pas se revoir)

b. Depuis que tu . . . . comment marchait le magnétoscope, tu l'utilises souvent. (comprendre)

c. Il y a six mois que son père est malade ; depuis le début de sa maladie, il . . . . une goutte d'alcool. (ne plus boire)

d. Depuis qu'on. . . . . on n'a plus de nouvelles de nos cousins. (déménager)

e. Il y a quinze ans que vous . . . . au tennis ? Alors vous devez avoir un excellent niveau ! (jouer)

f. Ça fait seulement une semaine que je . . . . ici et je ne connais pas encore tous les employés. (travailler)

g. Depuis qu'il . . . . de fumer, Jean-Marc se sent beaucoup mieux. (arrêter)

h. Ça fait des années qu'on . . . . et je le regrette. (ne plus se parler)

362   Réécrivez ces phrases en employant *il y a ... que* ou *ça fait...que*. **Attention à l'emploi des temps.**

Exemples :   Suzanne a démissionné il y a six mois.

     → *Il y a/ça fait* six mois *que* Suzanne a démissionné.

     Tu t'étais absenté depuis quelques instants lorsqu'elle a essayé de te joindre.

     → *Il y avait/ça faisait* quelques instants *que* tu t'étais absenté lorsqu'elle a essayé de te joindre.

a. Nous sommes arrivés il y a trois jours et tu parles déjà de partir.

→ . . . .

b. J'ai abandonné toute idée de maigrir depuis longtemps.

→ . . . .

c. Ces gens ont quitté l'immeuble il y a quelques mois.

→ . . . .

d. Nous regardions ce film depuis un quart d'heure quand tu t'es endormie.

→ . . . .

e. Tu conduisais depuis un an lorsque tu as eu ton accident de moto.

→ . . . .

f. Mon frère s'est marié il y a deux mois, vous ne le saviez pas ?

→ . . . .

g. On cherchait une solution depuis longtemps et tu nous l'as apportée.

→ . . . .

h. Il y a un mois, le journal a sorti son premier supplément.

→ . . . .

363 Répondez aux questions suivantes en employant *depuis, il y a ... que* **ou** *ça fait ... que.*

Exemple : Vous n'avez pas reçu de nouvelles de Damien depuis longtemps ?

→ ***Non, ça fait une semaine qu'il ne m'a pas écrit.***

→ ***Non, il y a une semaine qu'il ne m'a pas écrit.***

→ ***Non, il ne m'a pas écrit depuis une semaine.***

→ ***Non, il ne m'a pas écrit depuis Pâques.***

a. Il y a longtemps que tu t'es inscrite à ce cours de dessin ?

→ . . . .

b. Vous jouez au bridge. Ça fait longtemps ?

→ . . . .

c. Anne étudie le japonais. Depuis quand ?

→ . . . .

d. Je ne savais pas que vous faisiez de la voile. C'est nouveau ?

→ . . . .

e. Comme il a changé ! Il marche depuis combien de jours ?

→ . . . .

f. Tu t'es fait couper les cheveux. C'est récent ?

→ . . . .

g. Elle suit un régime. De quand ça date ?

→ . . . .

h. Vous faites du sport régulièrement. C'est nouveau ?

→ . . . .

C. LA PÉRIODICITÉ

364 Exprimez la périodicité. Répondez aux questions suivantes par une opposition (parfois plusieurs réponses possibles).

Exemple : Allez-vous souvent au concert ?
→ **Non, je n'y vais jamais.**

a. Assistez-vous parfois à la messe le dimanche ?
→ ....

b. Avez-vous déjà utilisé ce nouveau logiciel ?
→ ....

c. Prenez-vous souvent l'avion ?
→ ....

d. Avez-vous lu récemment les journaux ?
→ ....

e. Visitez-vous de temps en temps des expositions ?
→ ....

f. Faites-vous encore des études ?
→ ....

g. Vous arrive-t-il de vous asseoir à la terrasse d'un café ?
→ ....

h. D'habitude, écoutez-vous les informations à la radio ?
→ ....

365 Exprimez la régularité. Faites des phrases avec *chaque, tou(te)s* **ou** *le*.

Exemple : La relève de la garde républicaine se fait à 8 heures, à midi et à 16 heures.
→ La relève de la garde républicaine se fait **toutes les quatre heures**.

a. Ce magazine paraît jeudi, comme d'habitude.
→ ....

b. Lundi et mardi, la piscine accueille les groupes scolaires.
→ ....

c. On mange du poisson vendredi.
→ ....

d. Les employés reçoivent leur salaire à la fin du mois.
→ ....

e. On a recensé la population française en 1981 et en 1991. Le prochain recensement aura lieu en 2001.
→ ....

f. On lui fait une piqûre trois fois par semaine : lundi, mercredi et vendredi.
→ ....

g. Jacqueline va régulièrement à la salle de gymnastique, le samedi matin.
→ ....

h. L'autobus scolaire passe devant la porte à 8 heures du matin invariablement.
→ ....

366 Commentez ces phrases en employant des adverbes de fréquence : *toujours, (peu) (assez) (très) souvent, fréquemment, régulièrement, (très) rarement, de temps en temps, parfois, occasionnellement, peu* **ou** *ne...jamais* **(parfois plusieurs possibilités).**

Exemple :   Le lundi, on joue au basket.
→ On joue **régulièrement** au basket.

a. Nous allons au cinéma une ou deux fois par mois.

→ . . . .

b. Je n'ai pas encore assisté à un spectacle à l'Opéra Bastille.

→ . . . .

c. Claire a un abonnement au Théâtre de la Ville.

→ . . . .

d. Il lui arrive de visiter une exposition de peinture, peut-être une fois par an.

→ . . . .

e. Cette pompe à essence est ouverte 24 heures sur 24.

→ . . . .

f. Vous dînez au restaurant trois fois par semaine !

→ . . . .

g. Je ne suis allé qu'une seule fois dans ma vie dans une salle de concert.

→ . . . .

h. Ils font quelques parties de tennis dans l'année.

→ . . . .

D. L'ANTÉRIORITÉ

367 *Avant* **ou** *après*. **Rayez ce qui ne convient pas.**

Exemple :   (Avant/Après) que tu auras éteint la lumière, je pourrai peut-être dormir.

a. Michel sera parti en forêt (avant/après) que nous arrivions.

b. Leurs amis avaient trouvé un hôtel (avant/après) que Marie leur ait proposé de dormir chez elle.

c. La pluie aura cessé (avant/après) que vous ne repreniez la route.

d. Ils sont allés se coucher (avant/après) que tu leur as raconté la fin de cette histoire.

e. J'ai appris la nouvelle de ton mariage (avant/après) que tu ne m'envoies le faire-part.

f. (Avant/Après) que Jean aura terminé ses études, il fera un stage chez Thomson.

g. Il a quitté la table (avant/après) que le café a été servi.

h. On a décidé de déménager (avant/après) que les travaux ne soient achevés.

368 Réécrivez les phrases suivantes en employant des infinitifs présents ou passés.

Exemples : Après qu'il a été admis à HEC, Paul s'est senti soulagé.

→ ***Après avoir été admis*** à HEC, Paul s'est senti soulagé.

J'ai acheté cette voiture avant que je parte en province.

→ J'ai acheté cette voiture ***avant de partir*** en province.

a. Avant que tu passes cet entretien, relis tes notes.

→ ....

b. J'ai rencontré mon mari après que j'ai fini mes études.

→ ....

c. On a changé d'avis après qu'on a lu ce livre.

→ ....

d. Avant que tu n'allumes le contact, vérifie le niveau d'huile.

→ ....

e. Il avait déjà les pieds trempés avant qu'il n'ait mis ses bottes.

→ ....

f. Tu ne prendras le dessert qu'après que tu auras terminé ton assiette de poisson !

→ ....

g. Nous avons mieux compris son attitude après que nous avons fini la lecture de sa lettre.

→ ....

h. Avant que vous ne veniez, surtout prévenez-nous !

→ ....

369 Réduisez ces phrases selon le modèle. Employez *lors de, sitôt, pendant, dès* ou *une fois* suivis d'un nom ou d'une proposition participiale.

Exemple : Aussitôt que la voiture aura été réparée, ils reprendront la route.

→ ***Sitôt la voiture réparée,*** ils reprendront la route.

a. Tes parents sont passés pendant que tu dormais.

→ ....

b. Une fois qu'ils ont connu les résultats, ils sont allés faire la fête.

→ ....

c. Ta secrétaire a appelé pendant que tu t'étais absenté.

→ ....

d. Dès que le film sera fini, vous irez vous coucher.

→ ....

e. Lorsque tu visiteras Notre-Dame, n'oublie pas d'admirer la vue sur Paris.

→ ....

f. Dès que les enfants ont été rentrés de l'école, ils ont commencé à se disputer.

→ ....

g. Ton mari a changé d'attitude aussitôt qu'il a eu terminé la lecture de ta lettre d'adieu.

→ ....

h. Lorsque vous êtes passés en Bretagne, vous auriez pu nous rendre visite.

→ ....

370 Complétez les phrases suivantes.

Exemple : Louis s'est mis au travail aussitôt qu'*il est arrivé chez lui*.

a. Tu téléphoneras à tes parents dès . . . .
. . . .

b. Nous commanderons nos plats avant que . . . .
. . . .

c. Dès . . . .
. . . . , ils se sont compris.

d. Nous avons décidé d'avoir un enfant avant que . . . .
. . . .

e. Pendant que . . . .
. . . . , elle a fait la sieste.

f. On est sorti sitôt . . . .
. . . .

g. Avant d' . . . .
. . . . , je dormais déjà.

h. Je suis certaine qu'elle vous approuvera dès que . . . .
. . . .

Bilan

371 Rayez ce qui ne convient pas dans ce texte.

(Il y a/Depuis) quelques années, on a organisé une collecte de fonds au profit d'une œuvre humanitaire. (Après/Après avoir/Après que) l'argent a été donné, on devait attribuer une récompense à l'agglomération dont le plus grand nombre d'habitants (a répondu/aurait répondu/avait répondu) à cette quête.(Avant/Avant de/Avant que) le début de cette opération, la récompense avait été arrêtée : il s'agissait d'une fontaine monumentale, offerte par l'association et un mécène. (Sitôt/Aussitôt que/Dès que) la collecte terminée, on a procédé à l'analyse des dons et c'est un petit village de Normandie qui a gagné le prix. En effet, trois cent cinquante-six habitants sur les quatre cents qui vivaient dans le village (ont contribué/auraient contribué/avaient contribué) à la collecte.

Le conseil municipal a dû se réunir pour discuter de l'installation de cette fontaine prévue pour (l'an suivant/l'année suivante) : allait-on déplacer l'école, le bureau de poste ou la mairie ? Car (lorsque/dès que/lors de) la définition de la récompense, personne (n'a imaginé/n'imaginait/n'avait imaginé) qu'un aussi petit village pourrait la remporter.

Aujourd'hui, la fontaine monumentale se dresse à l'emplacement de l'ancienne école qui (avant/il y a/pendant) deux ans a été reconstruite à l'entrée du village. Et (ça fait/depuis/au bout de) quatre ans que les contribuables se plaignent de payer trop d'impôts locaux pour couvrir les dépenses exorbitantes en eau et en électricité occasionnées par cette fontaine.

XV. LA CONSÉQUENCE

Comme on fait son lit, on se couche.

372 Soulignez les mots introduisant la conséquence.

Exemple : Dominique s'est mis au travail <u>si bien qu</u>'il a terminé sa page d'exercices.

a. Nous finirons nos études ainsi aurons-nous plus de chances de trouver un emploi.

b. Sandrine a tant de charme qu'elle obtient tout ce qu'elle veut de ses amis.

c. Les bagages sont dans la voiture de sorte que nous pouvons partir.

d. Nicolas est parti en Angleterre, c'est pourquoi vous ne le verrez pas.

e. Jean se conduit très mal au point qu'il n'est plus invité nulle part.

f. Valentin est assez intelligent pour ne pas nous en vouloir.

g. Est-ce si important que ça ne puisse pas attendre la fin de la semaine ?

h. Nos enfants sont en vacances, aussi pouvons-nous sortir tous les soirs.

373 Distinguez la cause de la conséquence. Soulignez les éléments indiquant la conséquence.

Exemple : <u>Thierry ne viendra pas</u> puisque vous ne l'avez pas invité.

a. Nous allons au théâtre car nous avons reçu deux invitations pour *L'Homme difficile*.

b. Étant très enrhumé depuis deux jours, Philippe a gardé la chambre.

c. Les pluies de ces derniers jours ont provoqué de gros dégâts.

d. Alice était vraiment émue, au point d'essuyer quelques larmes.

e. Laurent n'aime pas beaucoup écrire ; Pauline reçoit donc peu de nouvelles de lui.

f. Ses petites-filles vivent à La Réunion, aussi ne les voit-elle pas grandir.

g. M. Leroux s'est fâché à cause de vos remarques.

h. Sans votre aide, je n'y serais jamais arrivée.

374 Distinguez la conséquence du but. Marquez d'une croix les phrases exprimant une conséquence.

Exemples : Mathieu a travaillé toutes les vacances afin de se payer une moto.

Sa famille habite à quelques kilomètres de sorte qu'ils se voient souvent. (X)

a. Je perfectionne mon anglais en vue de mon prochain départ pour Boston. ( )

b. Tu as bu trop de café pour avoir sommeil. ( )

c. Elle a loué une voiture pour la semaine de manière à rester indépendante. ( )

d. Il vous a rendu ce qu'il vous devait ; dès lors, vous êtes quittes. ( )

e. Il suffit que tu le décides pour que nous fassions ce voyage. ( )

f. Il est trop tard pour sortir. ( )

g. Je me suis habillée de façon à être à mon aise. ( )

h. Elles ont tant de soucis qu'elles ne dorment plus. ( )

375 **Reliez les phrases à l'aide de** *alors* **ou** *donc*.

Exemple : Elle a pris trois jours de congé. Elle s'est reposée.

→ Elle a pris trois jours de congé *alors elle s'est reposée*.

→ Elle a pris trois jours de congé ; *elle s'est donc reposée*.

a. La galerie Matisse était ouverte.
b. Je n'avais pas faim.
c. On a vu un beau film.
d. Frédéric a raconté son voyage en Afrique.
e. Leur loyer est trop cher.
f. Anne m'a demandé d'aller la voir.
g. J'ai réservé nos places d'entrée pour l'exposition au Grand Palais.
h. Vous êtes arrivés dix minutes en retard.

1. On a passé une bonne soirée.
2. Je suis allé la rejoindre.
3. On l'a visitée.
4. Nous n'aurons pas à faire la queue.
5. Vous n'avez pas vu le début du spectacle
6. Je me suis mis directement au lit.
7. Ils cherchent un autre appartement
8. Nous avons beaucoup ri.

a. → . . . .

b. → . . . .

c. → . . . .

d. → . . . .

e. → . . . .

f. → . . . .

g. → . . . .

h. → . . . .

376 **Exprimez la conséquence. Terminez ces phrases en employant des verbes à l'indicati**

Exemple : Il a commencé à faire nuit, aussi *avons-nous regagné la maison d'un pa*
rapide.

a. Comme tu ne connais pas les romans de Nathalie Sarraute, ...
. . . .

b. À la fin de la soirée, nous avons eu envie de revoir Jean-Marc et Jacqueline, ainsi . . . .
. . . .

c. Il n'avait plus de travail, plus d'amis, par conséquent . . . .
. . . .

d. Tu n'as pas encore vu le dernier film de Garrel, *Le Cœur fantôme*, ...
. . . . donc . . . .

e. Elle avait déposé une liste de cadeaux de mariage dans un magasin prestigieux, p
conséquent . . . .

f. J'étais un peu triste hier soir alors . . . .
. . . .

g. Fanny s'est fait une entorse à la cheville, c'est pourquoi . . . .
. . . .

h. Tu te plains souvent qu'on ne fasse jamais rien le week-end, ...
. . . . donc . . . .

327 **Complétez les phrases suivantes par** *de* **ou** *d'* **si nécessaire.**

Exemples : Ils ont tant **d'**amis qu'ils ne peuvent pas tous les inviter.

Vous courez tellement . . . vite que j'abandonne l'idée de vous suivre.

a. Il y a tant . . . choses à faire dans Paris que nous serons heureux d'y revenir.

b. Comment se fait-il que vous ayez tant . . . ennuis ?

c. Nous avions tellement . . . soif que nous avons vidé la bouteille d'eau.

d. Il y a tellement . . . fleurs dans la serre que leur parfum me monte à la tête.

e. Nous avons tant . . . marché que nous avons des ampoules aux pieds.

f. La file d'attente était tellement . . . longue qu'ils ont décidé de voir un autre film.

g. Cet homme a tellement . . . esprit qu'on en oublie sa laideur.

h. Le voyage a duré tant . . . jours que j'ai perdu le fil du temps.

328 **Reformulez ces phrases en employant** *tant (de)* . . . *que* **ou** *si* . . . *que.*

Exemples : Tu grandis beaucoup, plus rien ne te va.

→ Tu grandis **tant que** plus rien ne te va.

Elle roulait très vite ; elle n'a pas pu freiner.

→ Elle roulait **si** vite **qu'**elle n'a pas pu freiner.

a. Ma sœur a mangé beaucoup de chocolats ; elle a le foie malade.

→ . . . .

b. Julien est très bavard ; j'ai du mal à le supporter.

→ . . . .

c. La tour Montparnasse est très haute ; personne n'y monte à pied.

→ . . . .

d. Beaucoup d'automobilistes empruntent le boulevard périphérique ; la circulation y est difficile.

→ . . . .

e. Sa mère a beaucoup vieilli ; j'ai failli ne pas la reconnaître.

→ . . . .

f. Ils étaient très pressés ; ils n'ont même pas pris le temps de s'asseoir.

→ . . . .

g. Beaucoup de gens sont malheureux ; on n'a pas le droit de se plaindre.

→ . . . .

h. Elles ont parlé très longtemps ; elles n'ont pas vu le temps passer.

→ . . . .

379 Complétez les expressions suivantes par *tellement* ou *tellement de*.

Exemple : Michel a **tellement de** cordes à son arc qu'il sait tout faire.

a. Il se casse . . . . la tête qu'il ne peut plus fermer l'œil.

b. Elle a . . . . veine que tout lui réussit.

c. Elle a les nerfs . . . . à vif qu'on ne peut rien lui dire.

d. Elle a la langue . . . . bien pendue qu'elle me casse les pieds.

e. Les murs ont . . . . oreilles qu'il vaut mieux garder le secret.

f. Il a le bras . . . . long qu'il obtient tout ce qu'il désire.

g. Elle a . . . . tours dans son sac qu'elle ne risque pas d'être prise au dépourvu.

h. Il a . . . . bagout qu'on lui ferait vendre n'importe quoi.

380 Barrez ce qui ne convient pas.

Exemple : La Bibliothèque nationale renferme une (tel/telle/tels/telles) quantité de livres et u public (tel/telle//tels/telles) que la Grande Bibliothèque a été créée.

a. La foule est (tel/telle/tels/telles) sur les Champs-Élysées qu'il est difficile d'admirer les sculp tures exposées pour *Les Champs de la sculpture*.

b. Les températures ont atteint un (tel/telle/tels/telles) niveau qu'on se croirait en plein été.

c. Les touristes sont (tel/telle/tels/telles) qu'ils se promènent en short dans Paris.

d. La réputation des statues est (tel/telle/tels/telles) que tous les médias en ont parlé.

e. Il y a un (tel/telle/tels/telles) échantillonnage de sculptures qu'on peut admirer des œuvres d Rodin, César, Léger, Maillol et d'autres artistes.

f. Il y a une (tel/telle/tels/telles) diversité artistique dans la capitale qu'il n'est pas nécessair d'entrer dans un musée pour l'apprécier.

g. On découvre un (tel/telle/tels/telles) nombre de fontaines, de statues et de façades ouvragée que Paris est une véritable ville musée.

h. Les centres d'intérêt sont (tel/telle/tels/telles) qu'on trouve toujours une activité.

381 Complétez ces phrases pour exprimer des conséquences.

Exemple : Ils avaient une telle **envie de voir ce film qu'ils ont décidé de se mettre dans** **longue file d'attente**.

a. On a vu tellement . . . .

b. Marie a ressenti un tel . . . .

c. Ce jardin nous a paru si . . . .

d. Elles ont découvert tant de . . . .

e. Il leur a montré de tels . . . .

f. Nous avons tellement . . . .

g. Les quais de Seine sont si . . . .

h. Le Louvre offre une telle . . . .

382 Assemblez les éléments suivants et remplacez le mot de liaison par *aussi* ou *ainsi* (faites les changements nécessaires).

Exemple : Elles ont dîné dans un restaurant. Elles n'ont pas eu à préparer le repas.
→ Elles ont dîné dans un restaurant ; ***aussi n'ont-elles*** pas eu à préparer le repas.
→ Elles ont dîné dans un restaurant ; ***ainsi n'ont-elles*** pas eu à préparer le repas.

a. Nous avions du temps devant nous,

b. Le musée de Cluny était fermé.

c. Il s'est mis à pleuvoir,

d. De beaux livres étaient présentés en vitrine

e. Nous étions libres comme l'air,

f. Elle devait l'attendre deux heures.

g. On avait une telle faim

h. Le Panthéon lui a semblé si imposant

1. au point qu'il a dû se réfugier dans un café.

2. alors nous avons décidé de remonter le boulevard Saint-Germain.

3. qu'elle a eu envie de le visiter.

4. C'est la raison pour laquelle elle a décidé d'aller voir *Beaumarchais l'insolent*.

5. de sorte que je suis entrée dans cette grande librairie.

6. ce qui explique que nous avons passé l'après-midi dans les jardins du Luxembourg.

7. Par conséquent, elle a fait quelques achats dans le quartier.

8. qu'on a commandé deux sandwiches chacun.

a. ....
b. ....
c. ....
d. ....
e. ....
f. ....
g. ....
h. ....

383 Terminez ces phrases.

Exemples : Ne pas stationner sous peine d'***enlèvement***.
Leur fils avait trop peu préparé son exposé pour ***obtenir une bonne appréciation***.

a. Le président a réorganisé la société. Il en résulte ....

b. Nous n'avions pas assez d'argent, de sorte que ....

c. L'amélioration du réseau routier est remarquable, d'où ....

d. Le nombre des automobilistes s'est accru de façon assez sensible pour ....
....

e. L'été, la pollution augmente de manière que ....

f. La consommation d'alcool est interdite aux mineurs sous peine de ....
....

g. Certaines rues étroites ont été fermées à la circulation ; il en résulte ....
....

h. La mairie a pris des mesures importantes concernant le stationnement au point de ....
....

384 Simplifiez ces phrases en employant l'infinitif lorsque c'est possible.

Exemples : Le musée du Louvre est trop grand pour que tu puisses le visiter dans la journée *(impossible)*

Guillaume est assez sensible pour qu'il s'intéresse à la peinture.

→ Guillaume est assez sensible pour *s'intéresser à la peinture*.

Il fait trop froid pour qu'on sorte.

→ Il fait trop froid pour *sortir*.

a. Sa grand-mère est trop âgée pour qu'elle vive seule.

→ ....

b. Cette bâtisse me semble trop endommagée pour que vous puissiez la restaurer.

→ ....

c. Elle est trop polie pour qu'elle soit honnête.

→ ....

d. Ces étudiants ne sont pas assez sérieux pour que vous leur demandiez de suivre vos cours régulièrement.

→ ....

e. Ce film est trop ancien pour que la critique en parle.

→ ....

f. Ces photos me paraissent trop récentes pour qu'elles soient de vos enfants.

→ ....

g. Il n'est pas trop tard pour qu'on l'appelle.

→ ....

h. Ce serait trop beau pour que ce soit vrai.

→ ....

385 Complétez les phrases suivantes en employant l'indicatif ou le subjonctif.

Exemples : Il fait trop chaud pour que *nous fassions une promenade à bicyclette*.

Il neige la nuit de sorte que *les pistes sont magnifiques*.

a. Ses ennuis sont tels qu' ....
....

b. Leur salaire n'est pas assez élevé pour que ....
....

c. J'espère que ta maladie n'est pas telle que ....
....

d. Cette voiture coûte trop cher pour que ....
....

e. Véronique avait pris sa journée mercredi de façon que ....
....

f. On a acheté une maison de campagne, si bien que ....
....

g. Joseph a terminé son doctorat de manière qu' ....

....

h. Le trajet Lille-Nice est trop long pour que ....

....

386 **Complétez ces phrases.**

Exemple : L'annonce de l'augmentation des cotisations sociales a suscité ***des manifestations importantes***.

a. La violente tempête de la nuit dernière a provoqué ....

....

b. La venue du Premier ministre chinois a soulevé ....

....

c. Des accidents en chaîne sur l'autoroute A6 ont occasionné ....

....

d. Le gel des salaires entraînera pour l'année à venir ....

....

e. Le dernier concert de Johnny Halliday a déchaîné ....

....

f. Les mouvements de revendication des mineurs du Nord ont déclenché ....

....

g. L'annonce de la privatisation de France-Télécom a eu pour effet ....

....

h. L'action humanitaire a éveillé ....

....

Bilan

387 Voici un bilan provisoire des années 90 ; tirez-en les conséquences en utilisant les faits entre parenthèses.

(a) – L'Union européenne a accueilli de nouveaux États membres, de sorte que . . . . .
. . . .
(augmentation de sa puissance économique)

(b) – Le tunnel sous la Manche est ouvert depuis mai 1994, ainsi . . . .
. . . .
(facilitation des échanges avec la Grande-Bretagne)

(c) – Jacques Chirac est élu président de la République en mai 1995, si bien que . . . .
. . . .
(changement de gouvernement)

(d) – Le conflit serbo-bosniaque trouve un accord de paix, de ce fait . . . .
. . . .
(retour de la paix)

(e) – En janvier 1995, la ville de Kobé, au Japon, est secouée par un tremblement de terre d'une telle violence que . . . .
(plus de 5 000 morts)

(f) – En novembre 1993, le congrès de l'ALENA ratifie un accord de libre-échange entre le Mexique, le Canada et les États-Unis, d'où . . . .
. . . .
(création de nouvelles lois sur les échanges de marchandises et sur l'immigration)

(g) – Il y a eu la levée de l'embargo américain au Viêt-nam en février 1994 ; on peut en déduire que . . . .
(essor rapide et prochain de l'économie vietnamienne)

(h) – Le chômage a progressé en France ; par conséquent, ...
. . . .
(réduction du pouvoir d'achat des Français)

XVI. L'OPPOSITION

Tantôt frère, tantôt larron.

288 **Soulignez les éléments marquant l'opposition.**

Exemple : Je lis beaucoup d'essais <u>mais</u> je déteste les romans.

a. Le chômage ne cesse d'augmenter, en revanche l'inflation diminue constamment.

b. Les exportations françaises sont à la hausse, par contre le taux de croissance reste désespérément bas.

c. Nous avons dîné avec Guy hier soir ; il était fatigué contrairement à sa femme qui a l'air radieuse.

d. René travaille pour un grand groupe industriel alors que son frère termine ses études de médecine.

e. Cette année, les cerisiers n'ont rien donné. Au contraire, les pommiers croulaient sous les fruits.

f. Sylvie est une femme vive et autoritaire. À l'opposé, son mari est plutôt nonchalant et débonnaire.

g. Si j'ai une vraie passion pour Diderot, je trouve Sade illisible.

h. J'ai vu deux ou trois clients, des habitués du café ; sinon, je n'ai rien de spécial à signaler, Monsieur le Commissaire.

289 **Complétez ces phrases par l'élément marquant l'opposition. Choisissez dans la liste :**
non, alors que, au lieu de, contre, et non pas, pas moi, non seulement ... mais encore, autrement, non content de.

Exemple : Vous avez du feu ? ***Non*** monsieur, je n'ai jamais de feu !

a. Nantes a remporté la Coupe de France de football . . . . Marseille.

b. . . . . le gouvernement ne tient pas les engagements qui avaient été pris pendant la campagne . . . . il nous submerge de nouvelles taxes.

c. Débarrasse la table . . . . regarder cette émission idiote.

d. . . . . mener son entreprise à la faillite, il détourne une partie des recettes pour ses besoins personnels.

e. Toni est corse . . . . sarde.

f. Tu lui as demandé de te prêter de l'argent . . . . il n'a pas un sou.

g. Je ne peux pas te voir ce soir, ... on peut déjeuner ensemble si tu le veux.

h. Vous voulez aller voir ce film ? . . . . !

390 Quel élément exprime l'opposition ?

Exemple :   Je suis sorti (cependant/malgré/toutefois) le froid.

a. Étienne est un garçon très laid, (cependant/bien que/nonobstant) il a un certain charme.

b. Murielle a quitté Charles, ce qui est très dur pour lui. (Malgré/Bien que/D'un autre côté), je l comprends.

c. Les jeunes abandonnent tous la région. (Malgré/Pourtant/D'un autre côté), il y a encore du tra vail pour eux.

d. Personne ne pensait que le candidat de droite remporterait les élections. (Bien que Néanmoins/Nonobstant), il a été élu avec une belle avance.

e. Le film de Philippe Garel a obtenu un grand succès public (bien que/pourtant/toutefois) il n'a bénéficié d'aucune publicité.

f. Je n'ai pas de vacances cet été. (Malgré/D'un autre côté/Toutefois), je passerai vous voir e Bretagne le week-end du 14 Juillet.

g. (Nonobstant/Cependant/Néanmoins) ses déclarations du mois de janvier, le Premier ministre augmenté les charges sociales de 3 % début août.

h. Tu dis que Géricault est un peintre mineur. (D'un autre côté/N'empêche que/Malgré) son expo sition au Grand Palais a déplacé des centaines de milliers de visiteurs.

391 Reconstituez les phrases suivantes et soulignez les éléments marquant l'opposition.

a. Michel a raté son bac

b. Amélie s'est cassé trois fois la jambe en skiant.

c. L'État a réduit le budget de la recherche

d. J'ai dit à Camille d'éteindre la lumière

e. Roland a très envie de démissionner.

f. On dit qu'il fait très chaud cet été ;

g. En dépit de la concurrence asiatique,

h. Malgré leurs propos rassurants,

1. bien que les besoins soient de plus en plus importants.

2. les automobiles françaises continuent à bien se vendre en Europe.

3. pourtant elle ne m'a pas écouté.

4. j'ai peur.

5. Elle n'a pas pour autant renoncé à la compétition.

6. en dépit de ses excellents résultats en mathématiques et en physique.

7. D'un autre côté, il sait qu'à 50 ans, il aura du mal à trouver un autre travail.

8. n'empêche que l'année dernière, c'était bien pire.

392 Conjuguez les verbes entre parenthèses au conditionnel, à l'infinitif ou à l'indicatif.

Exemple : Plutôt que de venir (***venir***) en train, prenez votre voiture, vous serez plus autonomes.

a. Je n'ai pas très envie de sortir, néanmoins je t' . . . . (accompagner) ce soir.

b. Il faut manger pour vivre et non pas . . . . (vivre) pour manger.

c. J'ai acheté des steaks parce que tu déjeunais ici, autrement je . . . . (manger) des œufs.

d. Tu ferais mieux de lire au lieu de . . . . (regarder) la télévision.

e. Anne veut aller à la campagne et Philippe . . . . (prétendre) devoir rester à Paris pour travailler.

f. Au lieu de . . . . (passer) par la Lorraine, vous feriez mieux d'aller directement en Alsace.

g. On a construit un immeuble de bureau sur ce terrain alors que le maire . . . . (devoir) y faire bâtir un bureau de poste.

h. Garçon ! Plutôt que le gigot d'agneau, je . . . . (prendre) la cuisse de canard.

393 Associez les éléments suivants de façon à exprimer l'opposition.

Exemple : Dans les années quatre-vingt, l'image de l'entreprise était excellente/elle s'est fortement dégradée dans les années quatre-vingt-dix.

→ Dans les années quatre-vingt, l'image de l'entreprise était excellente, /***par contre/cependant/mais*/** elle s'est fortement dégradée dans les années quatre-vingt-dix.

a. Il faut un capital de 50 000 francs pour ouvrir une SARL*/il ne faut aucun capital pour exercer une profession libérale.

→ . . . .

b. 171 000 entreprises ont été créées en 1993/224 000 entreprises l'avaient été en 1990.

→ . . . .

c. 10 % des salariés sont syndiqués en France/80 % le sont au Danemark.

→ . . . .

d. Dans l'industrie, les salariés français travaillent chaque année 1755 heures/au Japon, ils travaillent 2143 heures/les Français travaillent plus que les Allemands (1648 heures pour ces derniers).

→ . . . .

e. Les salariés français mettent en moyenne 58 minutes par jour pour aller et revenir de leur travail/Les non-salariés mettent 30 minutes.

→ . . . .

f. 36 % des Français font confiance aux syndicats/40 % les trouvent trop politisés.

→ . . . .

g. 171 000 entreprises ont été créées en 1993/63 000 entreprises ont fait faillite cette mêm
année.

→ ....

....

h. Les PME** ne représentent que 7 % des entreprises/Elles offrent 47 % des emplois.

→ ....

* SARL : Société À Responsabilité Limitée.

** PME : Petite et Moyenne Entreprise (moins de 500 salariés).

394 **Imaginez une suite ou un début pour chacun des éléments suivants.**

Exemple : Vous avez tort de rester chez vous par une si belle journée. En revanche *ça vou*
donnera l'occasion de faire un peu de ménage.

a. Bernard ne se fait pas à l'idée de partir en retraite. D'un autre côté, ...

....

b. Il a remonté cette rue en sens interdit en dépit de ....

....

c. ....

.... néanmoins, elle se porte beaucoup mieux depuis le début de la semaine

d. ....

.... bien que tout le monde l'y ait encouragé

e. Véronique n'est pas davantage assidue ce trimestre que le précédent. Au contraire, ...

....

f. Non seulement les Dubois vont venir habiter en face de chez nous mais encore ....

....

g. ....

.... alors que je vous avais dit de ne rien apporte

h. Nonobstant les propos rassurants de l'avocat ....

....

395 **Remettez dans le bon ordre les éléments proposés pour en faire une phrase.**

Exemple : Thérèse est en excellente forme/elle a perdu son travail/en revanche

→ *Thérèse a perdu son travail, en revanche elle est en excellente forme.*

a. avoir gagné trois millions au tiercé/elle se met en grève pour être augmentée/non contente de

→ ....

b. Louis est en excellente santé/il est au chômage/par contre

→ ....

c. un cahier/je t'ai dit de rapporter/une rame de papier/et non pas

→ ....

d. tandis que moi/je suis laid, pauvre et intelligent/il est beau, riche et stupide

→ . . . .

e. je n'aimerais pas vivre ailleurs/pourtant/Paris est une ville très polluée

→ . . . .

f. malgré/nous avons adoré le spectacle de Planchon/la chaleur qu'il faisait dans la salle

→ . . . .

g. j'exige une garantie d'un an/toutefois/je suis d'accord pour acheter cette montre

→ . . . .

h. je ne peux pas aller au cinéma ce soir/j'aimerais me changer les idées/bien que

→ . . . .

396 **Reconstituez les phrases suivantes.**

a. Nous sommes heureux de partir en Suisse,	*Pas moi,*	1. j'adore le bourgogne.
b. Philippe a rapporté quatre truites de la rivière	*contrairement à*	2. Londres qui est bien plus étendue.
c. Jacques Chirac a obtenu 52 % des voix	*cependant*	3. elle est toujours aussi dissipée.
d. Le proviseur a menacé Nadège de la renvoyer.	*contre*	4. j'ai horreur de ça.
e. Paris n'est pas une très grande ville,	*mais*	5. il va passer ses vacances à Amsterdam.
f. Tous ont envie de jouer aux cartes.	*En revanche,*	6. 48 % à son adversaire.
g. Je ne déteste pas le bordeaux.	*n'empêche que*	7. l'interdiction formelle de pêcher.
h. Il ne parle pas un mot de hollandais	*malgré*	8. nous aurions aimé y aller avec vous.

397 **Réunissez ces deux phrases en y introduisant un terme d'opposition.**

Exemple : Jeanne veut aller au bord de la mer. Yvonne n'en a pas envie.

→ Jeanne veut aller au bord de la mer, *par contre* Yvonne n'en a pas envie.

a. Philippe adore la viande. Sa femme est végétarienne.

→ . . . .

b. Tout le monde regarde le match à la télévision. Alain termine sa maquette de bateau.

→ . . . .

c. Tu préfères lire ton roman. Tu devrais travailler ton examen.

→ . . . .

d. Vous ne détestez pas la campagne. Vous ne supportez pas la montagne.

→ . . . .

e. L'avion a explosé en vol. Le pilote a pu s'éjecter.

→ . . . .

f. Il est très dur avec ses élèves. Elle est particulièrement douce avec les siens.

→ . . . .

g. Il n'a jamais su la vérité sur sa maladie. Je pense que ce n'est pas plus mal.

→ . . . .

h. Je rentrerai tard ce soir. Je te téléphonerai en sortant du bureau.

→ . . . .

398 **Inventez des phrases construites à partir du terme d'opposition suivant.**
Exemple : Malgré
→ ***Malgré la foule, j'ai adoré l'exposition Vermeer.***

a. Nonobstant

→ . . . .

b. Non seulement ... mais encore

→ . . . .

c. Pourtant

→ . . . .

d. En dépit de

→ . . . .

e. En revanche

→ . . . .

f. Sinon

→ . . . .

g. Et non pas

→ . . . .

h. Bien que

→ . . . .

Bilan

399 **Complétez ce texte en utilisant :** *pas moi, non, cependant, en revanche, non seulement ... mais encore, contrairement à, néanmoins, malgré, d'un autre côté, au lieu de, mais, bien que, pourtant, toutefois, en dépit des, à l'opposé.*

Contrairement à *toi, j'aimerais bien aller en Corse pour les vacances.* . . . . *(a), Murielle n'y tient pas non plus.* . . . . *(b), compte tenu de la situation politique, elle a peut-être raison.* . . . . *(c), c'est une région merveilleuse* . . . . *(d) il y fasse une chaleur terrible en août.* . . . . *(e), si les bords de mer sont caniculaires,* . . . . *(f) l'air est très frais le soir en montagne.* . . . . *(g) abandonnons cette idée.*

. . . . *(h), je sais qu'elle adore la Bretagne.* . . . . *(i), il y pleut tout le temps.* . . . . *(j), je reconnais que c'est un beau pays. Les bords de mer sont très sauvages* . . . . *(k) hordes de Parisiens qui les arpentent. On y mange bien* . . . . *(l) les tarifs prohibitifs pratiqués par les restaurateurs l'été.*

. . . . *(m) un bord de mer, si nous envisagions la montagne ?.* . . . . *(n), les vacances d'été doivent être prises à la mer.* . . . . *(o) on peut y pratiquer des tas d'activités* . . . . *(o) on peut ne rien faire en se prélassant sur le sable chaud.*

XVII. LA RESTRICTION ET LA CONCESSION

Il n'y a que la vérité qui blesse.

A. LA RESTRICTION

 Soulignez les éléments qui introduisent une restriction dans les phrases suivantes.

Exemple : Ce couloir est <u>réservé</u> aux ressortissants de l'Union européenne.

a. Le stationnement est interdit sauf aux riverains.

b. Seuls les véhicules portant un macaron sont admis dans l'enceinte de l'université.

c. Pour obtenir un laisser-passer, faites-en simplement la demande auprès du gardien.

d. Présentez-vous à jeun le jour des analyses de sang. Vous avez uniquement droit à un sans sucre.

e. Le col Agnel n'est ouvert que d'avril à novembre.

f. Pour le bureau des douanes, munissez-vous juste de votre passeport.

g. La seule condition pour se présenter à ce concours est d'avoir la nationalité française.

h. L'hôtesse réserve ces cartes d'embarquement aux passagers du vol 312.

 Faites des phrases en exprimant une restriction. Utilisez *ne ... que, seulem uniquement, seul(e)(s), juste, le/la/les seul(e)(s)*.

Exemple : Un employé travaille 5 jours par semaine.
→ Un employé travaille ***seulement/uniquement*** 5 jours par semaine.
→ Un employé ***ne*** travaille ***que*** 5 jours par semaine.
→ Un employé travaille ***juste*** 5 jours par semaine.

a. Les salariés ont en général 5 semaines de congés par an.

→ ....

→ ....

b. On comptabilise 11 jours fériés chaque année.

→ ....

→ ....

c. La semaine de travail compte 39 heures.

→ ....

→ ....

d. On peut prendre sa retraite après 40 années de travail.

→ ....

→ ....

e. Les cadres supérieurs représentent 10 % de la population active.
→ . . . .
→ . . . .

f. En 1994, 37,9 % des femmes avaient une activité salariée.
→ . . . .
→ . . . .

g. On recense moins d'un tiers des cadres supérieurs parmi les femmes.
→ . . . .
→ . . . .

h. Les classes moyennes, ayant des professions intermédiaires, couvrent 20 % de la population.
→ . . . .
→ . . . .

À partir des informations données, établissez des règles restrictives. Faites deux phrases.

Exemple :   Visites autorisées : 14 heures/18 heures.
→ ***Les visites ne sont autorisées que de 14 heures à 18 heures.***
→ ***Les visites sont autorisées uniquement de 14 heures à 18 heures.***

a. Accès réservé : personnel administratif.
→ . . . .
→ . . . .

b. Stationnement livraison : 8 heures/10 heures.
→ . . . .
→ . . . .

c. Entrée du musée. Tarif réduit : après 16 heures.
→ . . . .
→ . . . .

d. File d'attente : 15 minutes.
→ . . . .
→ . . . .

e. Prix des billets : gratuit jusqu'à 6 ans ; demi-tarif jusqu'à 12 ans.
→ . . . .
→ . . . .

f. Durée de l'exposition : du 30 avril au 9 juin.
→ . . . .
→ . . . .

g. Admission : personnes munies d'un billet.
→ . . . .
→ . . . .

h. Invitation au parc Astérix pour les enfants non accompagnés.
→ . . . .
→ . . . .

B. LA CONCESSION

403 Marquez d'une croix les phrases qui indiquent une concession seule.

Exemples : Le sucre lui est interdit mais elle ne fait que manger des gâteaux. ( )

Son mari suit un régime sévère pourtant il accepte les déjeuners d'affaires. (✗)

a. Tu restes d'humeur égale bien que tu aies arrêté de fumer. ( )

b. Prête-moi dix francs juste pour acheter *Télérama*. ( )

c. Nous écoutons seulement les informations à la radio. ( )

d. Vous avez beau travailler tard, vous réussissez à sortir le soir ! ( )

e. On ne veut pas vous déranger, on passera simplement pour le café. ( )

f. Les températures resteront basses pour la saison cependant les pluies cesseront. ( )

g. En dépit de la file d'attente, les touristes se présentent nombreux pour admirer l'expos Toulouse-Lautrec. ( )

h. Il a su que vous étiez fatigué mais il a quand même mal accepté votre absence. ( )

404 Assemblez les éléments suivants pour faire des phrases.

a. En dépit d'un travail régulier,   →   1. bien qu'il ait réussi le concours d'entrée.

b. Joseph n'a pas intégré cette école   2. on préfère s'installer à la campagne.

c. M. Lafarge est absent pour la semaine ;   3. il n'en demeure pas moins que tu devra remettre à l'italien.

d. Quitte à changer d'endroit,   4. vous aurez au moins un petit souven week-end.

e. Pour venir chez nous, c'est très simple :   5. bien que le temps ait été maussade.

f. Si tu prends cet emploi,   6. il suffit que vous preniez le bus 156 : il s'a devant l'immeuble.

g. Emportez ce bouquet,   7. Suzanne n'a pas été admise dans la c supérieure.

h. Les vacances se sont bien passées,   8. toutefois, vous pouvez lui laisser un mess

405 Continuez ces phrases pour exprimer une concession. Employez le subjonctif.

Exemple : Nous voyagerons de nuit à moins que *les routes (ne) soient verglacées*.

a. M. et Mme Lefranc critiquent leurs employés quoi qu' . . . .

b. Où que . . . ., il est toujours possible de téléph

c. Les Legrand prendront bientôt leur retraite encore que . . . .

d. Cet enfant n'est jamais content, que . . . .
ou que . . . .

e. On commandera le nouveau modèle de chez Renault, encore faut-il que . . . .
. . . .

f. Pour intéressante que . . . ., je refuse d'y

g. Quoi que . . . ., vous devriez réfléchir davan

h. Nous vous soutiendrons quelque . . . .

406 Cochez la ou les phrase(s) ayant le même sens.

Exemple : Quoiqu'il soit étranger, il parle parfaitement le français.

    1. ☒ Il est étranger et il parle parfaitement le français.

    2. ☐ Comme il est étranger, il parle parfaitement le français.

    3. ☒ Il est étranger pourtant il parle parfaitement le français.

a. Vous exagérez les faits, quoi que vous racontiez.

1. ☐ Vous exagérez les faits, lorsque vous racontez.

2. ☐ Vous n'exagérez que les faits que vous racontez.

3. ☐ Vous exagérez n'importe quel fait que vous racontiez.

b. Jeanne a beau avoir trois enfants, elle travaille toujours comme documentaliste.

1. ☐ Même avec trois enfants, Jeanne travaille toujours comme documentaliste.

2. ☐ Alors que Jeanne a trois enfants, elle travaille toujours comme documentaliste.

3. ☐ Jeanne travaille toujours comme documentaliste car elle a trois enfants.

c. À défaut de vacances, nous partons le week-end au bord de la mer.

1. ☐ Comme nous n'avons pas de vacances, nous partons le week-end au bord de la mer.

2. ☐ Nous n'avons pas de vacances, du moins partons-nous le week-end au bord de la mer.

3. ☐ Nous partons le week-end au bord de la mer puisque nous n'avons pas de vacances.

d. Ta journée a été longue ; il n'en reste pas moins que tu dois terminer tes devoirs.

1. ☐ Bien que ta journée ait été longue, tu dois terminer tes devoirs.

2. ☐ Tu dois terminer tes devoirs alors que ta journée a été longue.

3. ☐ De manière que ta journée soit longue, tu dois terminer tes devoirs.

e. Frédéric semblait content de ce cadeau, néanmoins il ne l'a pas ouvert.

1. ☐ Frédéric semblait content de ce cadeau qu'il n'a pas ouvert.

2. ☐ Frédéric semblait content de ce cadeau, bien qu'il ne l'ait pas ouvert.

3. ☐ Frédéric semblait content de ce cadeau, donc il ne l'a pas ouvert.

f. Béatrice tenait à acheter cette robe de Christian Lacroix quitte à s'endetter.

1. ☐ Béatrice tenait à acheter cette robe de Christian Lacroix même si elle devait s'endetter.

2. ☐ Béatrice tenait à acheter cette robe de Christian Lacroix pourtant elle s'est endettée.

3. ☐ Puisque Béatrice tenait à acheter cette robe de Christian Lacroix, elle s'est endettée.

g. Quelque sport que tu pratiques, ça ne peut te faire que du bien.

1. ☐ Si tu pratiques un sport, ça ne peut te faire que du bien.

2. ☐ Comme tu pratiques un sport, ça ne peut te faire que du bien

3. ☐ Quoi que tu pratiques comme sport, ça ne peut te faire que du bien.

h. De n'importe quel peintre que soit cette œuvre, je la trouve superbe.

1. ☐ Cette œuvre est de ce peintre, alors je la trouve superbe.

2. ☐ Qui que soit le peintre de cette œuvre, je la trouve superbe.

3. ☐ C'est ce peintre qui a fait cette œuvre, par contre je la trouve superbe.

407 Faites des phrases en utilisant *bien que* et les éléments donnés.

Exemple : Le choc pétrolier a eu lieu en 1973. La consommation augmente.

→ **Bien que le choc pétrolier ait eu lieu en 1973, la consommation a augmenté.**

a. Le chômage s'accroît.

b. Le pouvoir d'achat diminue.

c. La crise économique sévit.

d. Les logements coûtent plus cher.

e. Le prix des vêtements a diminué.

f. Les consommateurs sont mieux informés.

g. La qualité de l'alimentation baisse.

h. Les Français sont inquiets.

1. Les Français occupent des habitations plus spacieuses.

2. Les dépenses de loisirs occupent de plus en plus d'importance.

3. On consacre autant d'argent à l'habillement.

4. Les Français achètent davantage.

5. Ils ne font pas d'économies.

6. Les dépenses de logement et de santé se multiplient.

7. Le taux de surendettement reste élevé.

8. On vit de plus en plus vieux.

a. ....

b. ....

c. ....

d. ....

e. ....

f. ....

g. ....

h. ....

408 Émettez des réserves et complétez les phrases suivantes.

Exemples : D'ici cinq ans, on aura réduit le temps de travail à moins que *les syndicats ne s'y soient opposés*.

On disposera d'un meilleur système de santé encore qu'*il soit déjà très convenable*.

a. On avancera l'âge de la retraite à moins que ....
....

b. On se déplacera plus rapidement encore qu' ....
....

c. À moins que ....
...., les enfants parleront plusieurs langues.

d. On communiquera mieux à distance encore que ....
....

e. La nouvelle génération vivra plus longtemps que nous à moins que ....
....

f. L'environnement sera davantage respecté à moins que ....
....

g. Les tâches domestiques seront simplifiées à moins que . . . .
. . . .

h. On bénéficiera d'avantages sociaux supérieurs encore que . . . .
. . . .

409 **Complétez les phrases suivantes par** *quoique* **ou** *quoi que.*
Exemple : ***Quoi que*** vous lui offriez, votre mère sera toujours contente.

a. Je préfère qu'on prenne le café dedans . . . . il fasse grand soleil.

b. . . . . tu lui dises, tu ne la feras pas changer d'avis.

c. Tu te salis, ... tu manges.

d. Son oncle a assisté à leur mariage, ... il soit souffrant.

e. On fera ce que tu voudras . . . . tu décides.

f. . . . . il fasse, il sera toujours critiqué.

g. . . . . elle choisisse, ça ne lui convient jamais.

h. Marie s'est arrangée pour venir . . . . elle n'ait pas de voiture.

410 **Assemblez ces éléments pour en faire des phrases.**

1. l'heure
2. vos dates
a. Quel que soit   3. votre problème
b. Quelle que soit   4. vos préoccupations
c. Quels que soit   5. vos projets   n'hésitez pas à nous appeler.
d. Quelles que soient   6. votre statut
7. le jour
8. la raison

411 **Faites des phrases avec** *quelque … que* **ou** *quel(le)(s) que.*
Exemples : C'est un garçon brillant mais il n'obtiendra pas cette promotion.
→ ***Quelque*** brillant ***que*** soit ce garçon, il n'obtiendra pas cette promotion.
Ils sortent par un temps pareil !
→ ***Quel que*** soit le temps, ils sortent.

a. On ne peut pas leur téléphoner entre 20 heures et 9 heures du matin.
→ . . . .

b. Sophie louera cette maison, à n'importe quel prix.
→ . . . .

c. Cet élève est brillant mais il ne réussira pas ce concours.
→ . . . .

d. Leur chien est très gentil mais ils ne pourront pas le garder.
→ . . . .

e. Cette femme est très généreuse mais elle n'améliorera en rien la condition des enfants malades.

→ . . . .

f. Cette cause est juste mais aucun avocat n'acceptera de la défendre.

→ . . . .

g. Nous acceptons ce marché, peu importent les conditions.

→ . . . .

h. Le cadeau n'a pas d'importance, c'est le geste qui compte !

→ . . . .

412 **Complétez les phrases suivantes par** *qui que, quoi que* **ou** *où que*.

Exemple : ***Où que*** *vous vous trouviez, nous viendrons vous rejoindre.*

a. Delphine sera toujours ravissante . . . . elle porte.

b. Avec . . . . tu te trouves, tu finis par te disputer.

c. . . . . vous en pensiez, je crois avoir raison.

d. Le même charme se dégage de votre appartement, ... vous habitiez.

e. Invite . . . . ce soit pour qu'il n'y ait pas treize personnes à table.

f. Je ne veux pas entendre parler de . . . . ce soit : les gens ne m'intéressent plus.

g. Par . . . . vous passiez, la route vous semblera toujours trop longue !

h. Il fera ce qui lui chante, ... vous lui conseilliez.

413 **Faites des phrases en employant l'expression** *avoir beau*.

Exemple : Même si elle sort un disque, elle ne deviendra pas une grande chanteuse.

→ *Elle a beau sortir un disque, elle ne deviendra pas une grande chanteuse.*

a. Il pleut mais la cité de Carcassonne reste une merveille.

→ . . . .

b. Bien qu'il ait une solide expérience, cet homme ne trouve pas de travail.

→ . . . .

c. Quoique vous soyez un peu âgé, vous n'aurez aucune difficulté lors de cette randonnée.

→ . . . .

d. Malgré notre bonne connaissance de la région, nous nous sommes perdus entre Auch et Toulouse.

→ . . . .

e. Même si vous parlez mal le français, vous aurez plaisir à traverser le Sud-Ouest.

→ . . . .

f. Monique suit un régime pourtant elle n'a pas perdu un gramme.

→ . . . .

g. Les températures rafraîchissent cependant le printemps approche.

→ . . . .

h. Malgré mes efforts, je n'arrive pas à jouer correctement ce morceau.

→ . . . .

414 Complétez les phrases suivantes.

Exemple : Dominique refuse de voir sa sœur pourtant *elle est très aimable avec lui*.

a. Malgré . . . . , nous avons décidé d'aller au Grand Palais.

b. Tu conduis trop vite pourtant . . . .

c. Bien que . . . . , il neige.

d. Elle a beau . . . . , sa situation ne s'améliore pas.

e. Les enfants ne changent pas quoique . . . .

f. La journée s'annonce belle cependant . . . .

g. Même si . . . . , je t'aime beaucoup !

h. Sa mère peint des toiles superbes mais . . . .

B*ilan*

415 Rayez ce qui ne convient pas et mettez les verbes entre parenthèses à la forme convenable.

– Allô, Marie, c'est Vanessa ; il faut que je te parle, je n'en peux plus.

– Allons, calme-toi. Qu'est-ce qui t'arrive ?

– Je ne supporte plus mes parents : quoi que je (faire) . . . . , où que j'(aller) . . . ., ils me surveillent. Ils sont toujours sur mon dos. Ils n'ont (pas/qu') une seule idée en tête : savoir tout de ma vie.

– Peut-être que tu exagères, non ?

– Pas du tout ! Tiens, hier soir, ils m'avaient autorisée à sortir jusqu'à minuit avec des copines. Eh bien, quand je suis arrivée, ils étaient (évidemment/en tout cas) dans le salon en train de regarder une bêtise à la télé.

– Et alors ?

– D'habitude, à 2 heures du matin ils sont couchés depuis longtemps (au moins/sauf s') ils ont des invités !

– Donc, tu n'es pas rentrée à l'heure ?

– Bien sûr que non ! Je pensais qu'ils ne s'en apercevraient pas.(Quitte à/Tout de même) sortir, autant ne pas s'ennuyer avec l'heure !

– Tu as (du moins/quand même) des parents sympas, ils te laissent sortir le soir et tu ne respectes (malgré/pourtant) pas leurs demandes.

– D'accord, mais tu ne veux pas que je respecte n'importe (quels/quelles) conditions de leur part !

– (Pourtant/ Tu as beau me dire) ce que tu veux, je trouve que tu vas trop loin ! D'ailleurs qu'est-ce que tu as fait hier soir ?

– (À moins que/Bien que) tu sois ma meilleure amie, je ne peux pas te le dire : c'est un secret.

– Je t'aime bien (aussi/il n'en reste pas moins que) je trouve que tu changes en ce moment.

– Je croirais entendre parler ma mère ! (Or/Il suffit que) je ne réponde pas à une question et aussitôt elle imagine le pire. (Heureusement/Malheureusement) on n'est plus dans la même classe et on se voit (seulement/que) de temps en temps.

– On pourrait même ne plus se voir du tout.

Marie raccroche le téléphone. Vanessa seule :

– (Au moins/Pourtant), je n'ai rien dit de mal. (Il n'en reste pas moins/Il suffit) qu'elle est bizarre, Marie.

XVIII. LES ARTICULATEURS DU DISCOURS

Je pense donc je suis.

A. LES ARTICULATEURS TEMPORELS

 Remettez dans l'ordre chronologique le déroulement de ce séjour touristique en Turquie.

a. Trois jours après l'arrivée, vous visiterez le musée d'Antalya.

b. La soirée précédant votre départ, un spectacle folklorique vous sera présenté à l'hôtel.

c. Une hôtesse vous attendra à l'atterrissage de votre avion pour vous accompagner à votre hôtel.

d. Le surlendemain de votre arrivée, vous serez conduits sur le site d'Aspendos.

e. L'avant-veille du retour, vous ferez une excursion à Sidé que vous gagnerez par la mer.

f. Le lendemain de votre arrivée, vous serez guidés à travers la nécropole de Termassos.

g. Le départ pour l'aéroport est prévu dans la matinée.

h. La veille de votre retour, vous pourrez profiter des plaisirs de la plage : des activités nautiques vous seront proposées.

Samedi 8 juin : c. Une hôtesse vous attendra à l'atterrissage de votre avion pour vous accompagner à votre hôtel.

Dimanche 9 juin : ....

....

Lundi 10 juin : ....

....

Mardi 11 juin : ....

....

Mercredi 12 juin : ....

....

Jeudi 13 juin : ....

....

Vendredi 14 juin : ....

....

Samedi 15 juin : ....

....

417 Vous êtes en Turquie. Nous sommes le 11 juin. Vous écrivez à une amie ; vous lui racontez le début de votre séjour et le programme des derniers jours. Utilisez les mots suivants : *dans, il y a, ça fait, hier, avant-hier, demain, après-demain, prochain, dernier, aujourd'hui.*

Exemple : Ma chère Alice, **ça fait** déjà trois jours que je suis arrivée.

. . . .

. . . .

. . . .

. . . .

. . . .

. . . .

. . . .

. . . .

418 Commentez cette journée de conférences sans donner d'indications horaires. Utilisez les expressions suivantes : *après, avant de, peu après, tout d'abord, puis, plus tard, enfin, ensuite.*

9 h 00 :	Accueil des participants. Café de bienvenue.
9 h 30/10 h 00 :	Visite de l'université.
10 h 00/12 h 00 :	Conférence : « La chanson française et francophone ».
12 h 30/13 h 30 :	Déjeuner à la cafétéria.
14 h 00/15 h 30 :	Table ronde : Comment apprendre le français en s'amusant ?
15 h 30/16 h 00 :	Présentation des nouvelles publications.
17 h 00/18 h 00 :	Atelier : Des jeux pour apprendre.
18 h 00/19 h 30 :	Débat : Il était une fois... Le conte dans la classe.
20 h 00 :	Dîner en chansons.

Exemple : **Tout d'abord**, les organisateurs nous accueilleront.

. . . .

. . . .

. . . .

. . . .

. . . .

. . . .

. . . .

. . . .

Présentez au passé les activités de l'exercice précédent en utilisant : *à la suite de quoi, après quoi, auparavant, enfin, en premier lieu, au bout de, par la suite, juste après, une (demi-)heure plus tard, peu avant*.

Exemple : **En premier lieu**, nous avons été accueillis par les organisateurs.

. . . .

. . . .

. . . .

. . . .

. . . .

. . . .

. . . .

. . . .

LES ARTICULATEURS LOGIQUES

Complétez les phrases suivantes par *ou, et, ni* **ou par une virgule.**

Exemple : Je ne sais pas qui nous accompagnera à la gare ; ce sera Alain **ou** son frère.

a. Que prendrez-vous ensuite : fromage . . . . dessert ?

b. Pour moi, ... l'un . . . . l'autre. Apportez-moi un café.

c. Nous avons invité Catherine . . . . Sophie pour dimanche midi : toutes deux sont ravies de venir.

d. Je n'aime . . . . Lyon, ... Grenoble . . . . Chambéry ; je préfère les villes méditerranéennes.

e. Entre ce roman . . . . cette B.D. . . . . ce livre d'art, que choisirais-tu ?

f. On a visité deux maisons mais . . . . l'une . . . . l'autre ne correspondent vraiment à ce qu'on cherche.

g. . . . . alcool . . . . féculents . . . . sucres : elle s'est mise au régime.

h. En revanche elle mange des légumes verts . . . . des viandes maigres . . . . du poisson.

Complétez ce texte par *puis, comme, une fois, enfin, particulièrement, ainsi que, surtout, aussi* **(parfois plusieurs possibilités).**

Exemple : La semaine dernière, Jacques, Dominique (et) **ainsi que** leurs amis italiens sont allés dans la vallée de la Loire.

Ils ont visité le château de Blois, (a) . . . . celui de Chambord mais ils ont (b) . . . . aimé le cadre du château d'Azay-le-Rideau.

Le soir ils ont dîné dans une petite auberge près de Cheverny, (c) . . . . ont-ils dégusté le vin de la région, (d) . . . . une spécialité de tarte ; (e) . . . . ils y ont passé la nuit.

Le lendemain, le petit déjeuner pris et (f) . . . . la voiture chargée, ils ont décidé de rentrer par les petites routes. Après avoir pique-niqué, (g) . . . . il faisait très chaud et (h) . . . . qu'ils n'étaient pas pressés de rentrer, ils se sont baignés dans un lac aménagé. (i) . . . . ils sont rentrés au Mans à la nuit tombante.

422 Dites le contraire en utilisant *sans, excepté, sauf (si), sans compter, même (si), ave* *compris, pendant, inclus.*

Exemple : La boulangerie est ouverte tous les jours, <u>même</u> le lundi.
→ La boulangerie est ouverte tous les jours, ***sauf/excepté*** le lundi.

a. <u>Sans </u>les taxes, la réparation s'élève à 1250 francs.
→ ....

b. Les boissons sont <u>exclues</u> du prix du séjour.
→ ....

c. Ce film est visible par tout public, <u>excepté</u> les personnes sensibles.
→ ....

d. <u>En comptant</u> les enfants, nous serons douze.
→ ....

e. Vous devez assister à ce cours <u>sauf si </u>vous êtes souffrant.
→ ....

f. Les bureaux sont ouverts <u>en dehors du</u> mois d'août.
→ ....

g. Ce circuit serait plus envisageable <u>avec</u> une voiture.
→ ....

h. Nous vous téléphonerons <u>même si</u> nous rentrons tard.
→ ....

423 Remplacez dans les phrases suivantes *et* par *de sorte que, mais, alors que, puis, a* ou *enfin* (parfois plusieurs possibilités).

Exemple : Ils sont sortis sans imperméables et il tombait des cordes.
→ Ils sont sortis sans imperméables ***alors qu'***il tombait des cordes.

a. Nous avons pris une dernière bière et nous sommes rentrés chez nous.
→ ....

b. Jean a commandé l'addition et il n'a plus dit un mot.
→ ....

c. Ma jeune voisine a réussi son baccalauréat et ses parents lui ont payé des cours de cond
→ ....

d. Ils se marièrent et ils furent heureux. Ils l'avaient bien mérité, ce bonheur !
→ ....

e. Marc a envoyé sa candidature et elle n'a pas été retenue.
→ ....

f. Il fait un temps de rêve et on est seulement en mars !
→ ....

g. Vous les inviterez au restaurant et ce sera plus simple pour vous.
→ ....

h. Ce coureur est arrivé vainqueur avec quelques secondes d'avance et il avait failli renonc
cette course.
→ ....

4 Complétez ces phrases.

Exemple : Patrice a réussi son bac aussi *entrera-t-il l'an prochain en fac de droit.*

a. On dîne rapidement ainsi . . . .
. . . .

b. Je quitterai le bureau tôt ce soir, de façon que . . . .
. . . .

c. Il fait assez beau ce matin alors . . . .
. . . .

d. Hélène a été souffrante aussi . . . .
. . . .

e. Mon fils m'a écrit alors que . . . .
. . . .

f. Elle ne travaille plus même si . . . .
. . . .

g. L'entreprise est en difficulté encore que . . . .
. . . .

h. Il pleut sans cesse depuis trois jours bien que . . . .
. . . .

5 Établissez un lien entre ces phrases en utilisant *d'ailleurs* ou *par ailleurs*.

Exemple : Le vent se lève ; j'ai l'impression qu'il va y avoir un orage.
→ Le vent se lève, *d'ailleurs* j'ai l'impression qu'il va y avoir un orage.

a. La nourriture est excellente et le cadre magnifique ; je me suis fait de nouveaux amis.
→ . . . .

b. Hubert ne nous rejoindra pas au théâtre ; il a quelque chose de prévu pour ce soir.
→ . . . .

c. Les enfants sont sages ; ils jouent tranquillement dans leur chambre.
→ . . . .

d. Je me suis coupé le doigt en épluchant des légumes ; tout va très bien.
→ . . . .

e. Elle n'a pas réussi à se lever ce matin ; elle a de la fièvre.
→ . . . .

f. On se plaît beaucoup à Cannes ; nous envisageons de nous marier.
→ . . . .

g. Cette semaine, je n'ai pas beaucoup de travail et j'en suis ravie ; je me demandais où vous en étiez de votre recherche d'appartement.
→ . . . .

h. Hier soir, on a vu le dernier film de Lelouch ; j'aimerais bien voir ce film anglais dont on parle tant.
→ . . . .

426 Complétez ces phrases à l'aide de *outre* ou *en outre*.

Exemple : La fille au pair devra **outre** s'occuper de Stéphanie, faire le repassage et prépa[r]
les repas.

a. . . . . le sucre et l'alcool, les féculents sont interdits dans ce régime.

b. Mes amies vont souvent au cinéma, ... elles apprécient beaucoup le théâtre.

c. . . . . le piano et la sculpture, Antoine étudie la guitare.

d. Nicolas adore le tennis ; . . . . il joue très bien au volley-ball.

e. Cet hôtel accueille . . . . un groupe de personnes âgées, une vingtaine de jeu[nes]
Irlandais.

f. Son fils a de très bons résultats au collège, ... il prépare l'examen d'entrée [au]
conservatoire de musique.

g. . . . . le samedi matin et le dimanche, les enfants n'ont pas de classe le mercredi.

h. Hier soir, je suis rentrée fatiguée, ... j'avais un affreux mal de tête.

427 Reliez les éléments de ces phrases à l'aide de *en fait* ou *en effet*.

Exemples : Je l'ai trouvée nerveuse : **en effet**, elle a arrêté de fumer depuis avant-hier.

Il pensait s'être fait une entorse ; **en fait**, il s'était cassé le pied.

a. – Richard est timide ? – . . . . il n'avait rien à faire dans ce dîner, il s'ennuyait.

b. Il ne lui reste plus beaucoup d'argent ; . . . . je crois qu'il a dépensé tout ce que tu[l]
avais donné.

c. – Avez-vous compris ? – . . . . , j'y vois plus clair maintenant.

d. Marie est passée me voir, ... elle est venue voir Philippe.

e. On n'a pas de voiture en ce moment ; . . . . elle est chez le garagiste.

f. M. Rouquier est absent pour une semaine ; . . . . il suit une formation en bureautiq[ue]

g. Elle croit avoir perdu son sac, ... elle l'aura laissé dans le métro comme ça lui [est]
déjà arrivé !

h. Ma mère va prendre sa retraite à la fin de l'année ; . . . . elle demande à partir en p[ré]
retraite car elle n'a que 58 ans.

428 Complétez les phrases suivantes par *en fait* ou *effectivement*.

Exemples : Vous avez froid ? – **Effectivement**, je n'ai plus très chaud, je rentre.

Tu as aimé ce film ? – Non, je crois **en fait** que je n'ai rien compris à l'histoire.

a. Elle a pris l'avion ? – . . . . , elle ne tenait pas à passer six heures dans le tra[in]

b. Avez-vous réussi à joindre M. Michaud ? – Non, ... je crois qu'il est abs[ent]
pour quelques jours.

c. Sa fille paie demi-tarif ? – . . . . , elle n'a que cinq ans et demi.

d. Vous parlez très bien l'anglais ! – . . . . , j'ai passé deux ans à Boston.

e. Tu as besoin de ce numéro ? – . . . . , j'ai promis d'appeler les Dubois avant mi[di]

f. Ils avaient projeté de passer le week-end à Cabourg. – . . . . „ils sont allés [en]
Bourgogne voir leurs amis.

g. Elle n'a pas loué cet appartement ? – . . . . il ne plaisait pas à son copain.

h. Il pleut ? – . . . . , il s'est mis à pleuvoir vers midi.

429 Complétez les phrases suivantes par *enfin* ou *finalement*.

Exemple : La journée est **enfin** terminée. Quel plaisir de rentrer chez soi !

a. On ne savait pas que choisir et . . . . on lui a offert une B.D. pour son anniversaire.

b. Ils sont restés longtemps fâchés mais ils se sont . . . . réconciliés.

c. Madeleine est . . . . arrivée, va le dire à sa mère.

d. Mais . . . ., pourquoi pleurez-vous ?

e. . . . ., je ne suis pas allé voir ce match de boxe.

f. . . . . seuls ! J'attendais ce moment depuis longtemps.

g. . . . . qu'avez-vous décidé pour vos prochaines vacances ?

h. Catherine a longtemps réfléchi et . . . . elle a choisi d'entrer à la faculté de lettres.

430 Remplacez dans ces phrases *ainsi* **par** *de cette façon* **ou** *par exemple*.

Exemple : Le logement représente la première dépense des Français ; ainsi, il occupe 30 % de leur budget.

→ Le logement représente la première dépense des Français ; **de cette façon,** il occupe 30 % de leur budget.

a. Au cours des dix dernières années, la surface des logements a augmenté ; ainsi, on prend les repas fréquemment dans la cuisine.

→ . . . .

b. Les Français accordent de plus en plus d'importance à la famille ; ainsi, 60 % d'entre eux souhaiteraient avoir un troisième enfant.

→ . . . .

c. Depuis le début des années quatre-vingt-dix, les personnes âgées sont de gros consommateurs ; ainsi elles se déplacent souvent pour le plaisir.

→ . . . .

d. La population grandit, ainsi les femmes ont pris trois centimètres au cours de ces quarante dernières années.

→ . . . .

e. L'hygiène des Français s'est beaucoup améliorée ; ainsi la plupart se lavent les dents deux fois par jour.

→ . . . .

f. Les Français consacrent en moyenne 1000 francs par an à leur santé ; ainsi se sentent-ils rassurés.

→ . . . .

g. Nombreux sont les Français qui partent en vacances ; ainsi 40 % sont allés au bord de la mer en 1995.

→ . . . .

431 **Complétez ces phrases de la langue parlée en employant :** *de toute façon, c'est-à-dire, en fin de compte, et encore, de fait, en revanche, sinon, soit ... soit.*

Exemple : On ne peut pas te faire de reproches : ***de fait***, tu n'avais pas été prévenu.

a. Tu prendras le dernier métro . . . . on viendra te chercher en voiture.

b. Je ne connais pas le nom de cet acteur, ... je l'ai vu dans plusieurs films.

c. . . . . vous venez avec nous, ... vous restez à la maison mais décidez-vous.

d. . . . . , pour les vacances, ils ont loué une maison avec piscine ; c'était le plus simple à cause des enfants.

e. Je n'ai pas pu faire cet exercice, ... que je n'ai pas bien compris la consigne.

f. Que tu aies envie ou pas de voir ce film . . . . j'irai seule.

g. Elle pensait accoucher en octobre ; . . . . son fils est né le 15 septembre.

h. Patrice aura peut-être la moyenne à son devoir . . . . ce n'est pas certain !

432 **Complétez ces phrases par** *ni ... ni, tantôt ... tantôt, soit ... soit, ou (bien) ... ou encore.*

Exemple : Rien n'intéresse mon neveu : ***ni*** la musique ***ni*** le sport ***ni*** le cinéma. Qu'est-ce que je vais faire de lui dimanche ?

a. Le soir, ... on va au cinéma, ... on dîne avec des amis ; on peut dire qu'on sort assez souvent.

b. Plusieurs possibilités vous sont offertes : . . . . vous prenez un billet d'avion seul, ... vous choisissez le forfait voyage et demi-pension, ... vous réservez une semaine tout compris dans un village de vacances.

c. Que dire ? . . . . on accepte cette invitation, ... on trouve une excuse. Moi, je n'ai vraiment pas envie d'aller chez les Dufour samedi !

d. Vos cousins de Bretagne arrivent la semaine prochaine ; qu'allez-vous leur proposer ? – . . . . de visiter le château de Versailles, ... de faire un tour dans Paris ; je ne sais pas ce qui leur plaira le plus.

e. . . . . il pleut, ... il fait beau ; c'est un vrai temps de printemps.

f. . . . . trop cher, ... ordinaire, ce restaurant est à retenir.

g. . . . . vous nous attendez ici . . . . vous rentrez chez vous. Il faut nous le dire !

h. Elle arrive toujours . . . . trop apprêtée, ... négligée. À son âge, elle devrait quand même savoir s'habiller.

433 Rayez ce qui ne convient pas.

Exemple : Nous n'avons pas trouvé cette pièce bonne (~~car~~/alors que/~~de fait~~) la critique était enthousiaste.

a. Valérie lit beaucoup (quoique/ tout compte fait/au contraire) son travail l'accapare.

b. L'ambiance était agréable ; (par ailleurs/en bref/ par contre) la nourriture était quelconque.

c. Le voyage ne leur a pas semblé fatigant, (or/encore que/du moins) c'est ce qu'ils ont affirmé.

d. Les magasins du centre ville étaient de moins en moins achalandés ; (néanmoins/c'est pourquoi/c'est-à-dire), ils restaient ouverts.

e. Il se sentait vieillir, (néanmoins/ainsi/or) il a pris la décision de rentrer dans une maison de retraite.

f. Pauline aura dix-huit ans le mois prochain, (d'ailleurs/en revanche/de plus) elle veut organiser une petite fête.

g. Ne vous arrêtez pas à Vierzon, il n'y a rien à voir dans cette ville ; (toutefois/en effet/par contre) je peux vous donner l'adresse d'un bon restaurant.

h. Passez-nous un coup de fil (quoique/pourtant/sinon) nous nous ferons du souci.

434 Indiquez la nuance exprimée par la conjonction soulignée : *opposition, hypothèse, addition, restriction, explication, cause, concession.*

Exemple : Elle travaille à trois-quarts de temps, <u>soit</u> une trentaine d'heures par semaine. **(explication)**

a. Il prétend être riche <u>or</u> il n'a pas un sou. (. . . . .)

b. <u>Malgré</u> la nuit, ils prirent la route. (. . . . .)

c. Je partirai au Canada, <u>même si</u> vous vous y opposez. (. . . . .)

d. Il s'est mis à bouder, <u>c'est-à-dire</u> qu'il n'a plus rien dit. (. . . . .)

e. <u>Non seulement</u> vous dansez <u>mais encore</u> vous chantez bien ! Quelle artiste accomplie vous faites. (. . . . .)

f. Je la trouve sympathique ; <u>en revanche</u> je ne lui fais pas confiance. (. . . . .)

g. <u>Puisque</u> je ne la connais pas, comment voulez-vous que je vous parle d'elle ? (. . . . .)

h. Je passerai vous chercher vers 10 heures ; <u>toutefois</u>, il est possible que j'aie quelques minutes de retard. (. . . . .)

435 Exprimez-vous en argumentant librement sur les sujets suivants.

Exemple : <u>La télévision,</u> il est évident qu'**on ne peut pas s'en passer**.

Néanmoins, a. . . . .

Puisque b. . . . .

D'ailleurs, c. . . . .

Finalement, d. . . . .

<u>Le sport</u>, je trouve que e. . . . .

En effet, f. . . . .

Cependant, g. . . . .

À vrai dire, h. . . . .

Bilan

436 **Complétez cette lettre par un des mots suivants :** *soit, ainsi, néanmoins, bien que, afin que, outre, désormais, ou encore, car, par conséquent, or, cependant* **(parfois plusieurs possibilités).**

Chère Madame,

Notre service a bien reçu votre demande de place en crèche pour votre enfant. . . . . (a), vous n'êtes pas sans savoir que les places disponibles sont réservées aux personnes qui travaillent. . . . . (b) vous m'écrivez que vous allez faire des études dès la rentrée prochaine ; . . . . (c) je comprends que vous ne pourrez pas garder votre enfant.

. . . . (d) votre situation ne soit pas tout à fait conforme au règlement général, nous allons nous efforcer de répondre favorablement à votre demande. . . . . (e) votre nom est . . . . (f) inscrit sur la liste d'attente.

. . . . (g) je ne pourrais que vous conseiller de chercher de votre côté un mode de garde pour votre enfant, ... (h) je ne peux rien vous promettre de façon ferme.

. . . . (i) nous puissions procéder à la pré-inscription de votre enfant, vous serait-il possible de nous faire parvenir . . . . (j) son extrait de naissance, une attestation de domicile : . . . . (k) une quittance de loyer, ... (l) d'électricité . . . . (m) de téléphone.

Dans l'attente de ces documents, je vous prie d'agréer, Madame, l'expression de mon dévouement.

Le chef du Service de l'Enfance.

XIX. LA PONCTUATION

Qui va à la chasse perd sa place !

Restituez aux phrases suivantes les points qui manquent (pensez à rétablir la majuscule lorsque cela est nécessaire).

Exemple : Les anciens bâtiments de l'Otan ont été transformés en locaux universitaires ceux de l'ambassade de l'ex-URSS sont situés sur le même boulevard

→ Les anciens bâtiments de l'Otan ont été transformés en locaux universitaires. Ceux de l'ambassade de l'ex-URSS sont situés sur le même boulevard.

M. Léonardini a annoncé les résultats du concours ce matin : je suis admis maintenant, je dois remplir les formalités d'inscription

. . . .

. . . .

Nous avons demandé au docteur Joss de passer voir maman j'espère que cette visite lui aura fait plaisir

. . . .

. . . .

J'ai acheté tout ce qu'il fallait pour prendre la route : une bouteille d'eau, trois sandwichs, des fruits secs, etc je pense ne rien avoir oublié

. . . .

. . . .

Odile a téléphoné aux renseignements de la SNCF on lui a confirmé qu'aucun train ne circulerait demain à cause de la grève la reprise du trafic est prévue pour lundi

. . . .

. . . .

Vous savez, j'ai téléphoné à René ; il m'a annoncé son divorce j'ai été très surpris

. . . .

La plaidoirie de maître Lamy a duré près d'une heure il a réussi à convaincre les jurés de l'innocence de Mlle Cordier qui a été libérée le soir même elle a pu réintégrer son poste à l'Unesco

. . . .

. . . .

Le SDF (Stade de France) ouvrira ses portes début 97 c'est une réalisation gigantesque qui permettra de désenclaver une partie de la banlieue nord de Paris

. . . .

. . . .

h. Le médecin impose à Jean-Louis de suivre un régime très strict mais il ne l'écoute pas je
   hier en train de dévorer un hamburger

→ . . . .
   . . . .

438 Rétablissez les points, les points d'interrogation, les points d'exclamation e
majuscules manquant à ces phrases.

Exemple : Quelle heure est-il je me demande si elle n'est pas en retard oh, la voilà
   → Quelle heure est-il **?** *J*e me demande si elle n'est pas en retard. **O**h, la vo

a. « Pour qui sont ces serpents qui sifflent sur vos têtes » demande Oreste dans son délire à
   d'*Andromaque* quel vers magnifique

→ . . . .
   . . . .

b. Tu te rappelles ce qu'a dit René « J'ai vu Christine avec Antoine hier matin » oui, inutile d
   le répéter

→ . . . .
   . . . .

c. « À quoi bon prendre la voiture » me dis-je

→ . . . .

d. Henri voulait savoir à quelle heure arriverait mon train

→ . . . .

e. Ô rage ô désespoir ô vieillesse ennemie

→ . . . .

f. « Tu passes tes vacances en Corse » me demanda-t-elle l'air surpris

→ . . . .

g. Jean ignore la date à laquelle sa fille doit passer le voir

→ . . . .

h. Je me demande quelle langue vont parler ces enfants : l'anglais ou le français oh, ils par
   sans doute les deux

→ . . . .
   . . . .

439 Ponctuez ces phrases avec des virgules.

Exemple : Je ne sais pas si je vais prendre du camembert du reblochon du cantal ou
   tement une glace un parfait au chocolat ou une tarte tatin.
   → Je ne sais pas si je vais prendre du camembert**,** du reblochon**,** du car
   directement une glace**,** un parfait au chocolat ou une tarte tatin.

a. Avec ma femme j'ai visité Tours Azay-le-Rideau Blois Chambord Chenonceaux.

b. Mon père ingénieur agronome me désignait chaque arbre chaque fleur par son nom l
   nos promenades.

c. Patrice a vu ces Picasso à New York où il habite avec Catherine Deneuve qui visitait le r
   en même temps que lui.

1. Ses amis ses frères ses sœurs et même quelques-uns de ses collègues étaient là.
2. Pendant les vacances Lucien passe son temps à bricoler la maison à entretenir le jardin à jouer avec les enfants à faire les courses pour toute la famille et à préparer les biberons des bébés.
3. Quand j'étais jeune j'ai vu des pièces formidables j'allais au cinéma cinq fois par semaine je lisais cinq livres par mois et en plus j'étais tout le temps amoureux.
4. Le métier de mon mari lui-même le reconnaît n'a pas grand intérêt.
5. Alain Jean-Marc et Jacqueline Philippe et Stéphanie Anne et Roland sont des amis chez qui nous allons très souvent.

Ponctuez le texte suivant à l'aide de points et de virgules. Pensez à rétablir les majuscules en début de phrase.

Au nord de Paris, entre la rue Stephenson et le boulevard Barbès, la rue Ordener et le boulevard de La Chapelle, la Goutte d'or est le territoire traditionnel avec son frère siamois Barbès de la population maghrébine de la capitale tout comme le Marais est celui de la population juive à époque où on ne parlait pas de « ville lumière » la Goutte d'or était un petit village célèbre pour on vin le « goutte d'or » au XIXe siècle le développement industriel attira à Paris une importante population d'ouvriers immigrés des quatre coins de France c'est dans ce quartier que se situe action de *L'Assommoir* qu'Émile Zola publia en 1868 si vous passez un jour devant le numéro 20 e la rue de la Goutte d'or sachez que c'était l'adresse de Gervaise l'héroïne de Zola qui allait laver on linge un peu plus loin aux 11 et 15 de la rue des Islettes

Ponctuez le texte suivant en utilisant le point virgule, la virgule et, lorsque cela est possible, les points de suspension (pensez à rétablir les éventuelles majuscules).

Exemple : Je voulais te dire que l'autre soir / / nous / / non / / rien / / je t'en parlerai demain.

→ Je voulais te dire que l'autre soir/,/ nous /.../ **N**on/,/ rien /;/ je t'en parlerai demain.

1. Jeanine est sortie samedi /   / vers sept heures /   / elle s'est immédiatement rendue au kiosque à journaux.
2. Jacques a reçu des tas de cadeaux pour son anniversaire : un mécano /   / des livres /   / des maquettes /   / bref /   / c'est un enfant gâté.
3. Nadine m'a dit que /   / en fait /   / elle ne m'a rien appris de spécial.
4. Constantin a revu Nina plusieurs années après leur séparation /   / elle semblait triste /   / surtout perdue /   / déçue par la vie.
5. J'aurais voulu que tu viennes /   / j'aurais aimé te voir une dernière fois /   / mais à quoi bon ? Je crois que nous allons vendre la maison /   / les écuries et toutes les terres /   / je sais que tu en auras le cœur brisé /   / tout comme moi.
6. Jean était un séducteur et /   / dans la région /   / chacune des jeunes femmes /   / ou presque /   / avait été sa /   / son amie.
7. Le devoir du professeur est d'enseigner /   / celui de l'étudiant d'écouter.

442 Virgule, point ou point virgule ? Mettez la ponctuation qui convient (plusi‹
possibilités).

Exemple : La voiture entre dans la cour / / elle se gare devant la grange / / un homme er
/ / vêtu d'un costume sombre.

→ La voiture entre dans la cour /;/ elle se gare devant la grange/./ **U**n homn
sort/,/ vêtu d'un costume sombre.

a. Je suis certain que tu as raison / / j'ai toute confiance en toi / / tu le sais / / mais ce
les jurés qu'il faut convaincre.

b. Tableaux / / sculptures / / objets d'art divers... Richard connaît presque toutes les p
du Louvre / / il connaît aussi parfaitement les musées Picasso / / d'Art moder‹
Gustave-Moreau.

c. Nous avons à te parler : nous avons bien réfléchi / / nous avons pris une décision impor
/ / grave et définitive.

d. Les oiseaux chantent / / il fait beau / / la vie est belle.

e. Depuis que vous avez rencontré nos amis Cohen / / vous les voyez plus souvent que
/ / nous en sommes d'ailleurs un peu jaloux.

f. Range ces photos / / fais un tri / / sans cela / / on oubliera très vite à quoi elles cc
pondent.

g. Pour monter votre ordinateur / / il suffit de relier l'unité centrale à l'écran / / le clavier
souris à l'unité centrale / / les lecteurs de CD-ROM et de disquettes sont intégrés.

h. Christelle s'est mariée avec André / / pour leur voyage de noces / / ils ont pris l'avio‹
ils sont allés en Martinique / / en Guadeloupe puis en Haïti.

443 Redonnez à ces phrases toute leur lisibilité en leur restituant leurs guillemets, ‹
tirets, leurs parenthèses, leurs deux-points et leurs majuscules.

Exemple : Dans *Britannicus*, Agrippine dit à son fils Néron empereur de Rome ave
liberté, que vous m'avez ravie, si vous le souhaitez prenez encor* ma vie. Voil‹
mère qui aimait furieusement son enfant.

→ Dans *Britannicus*, Agrippine dit à son fils Néron (empereur de Rome) : « Ave
liberté, que vous m'avez ravie, si vous le souhaitez prenez encor* ma
Voilà une mère qui aimait furieusement son enfant.

a. Comme le dit Louis Aragon, la femme est l'avenir de l'homme.

→ ....

b. Sébastien a eu 19 enfants 10 garçons et 9 filles. Tous sont devenus musiciens.

→ ....

c. Fabienne, qui est une fanatique de Daniel Pennac non seulement elle a lu tous ses livres ‹
Fée carabine à *Monsieur Malaussène* mais elle a même essayé de faire inscrire sa fille
son lycée vous saviez que Pennac était professeur n'est-ce pas ?, vient d'écrire une adap‹
théâtrale de *Comme un roman*.

→ ....
....
....
....

. J'ai entendu une interview intéressante de Poupou, Raymond Poulidor, notre éternel numéro 2. Il disait qu'il admirait beaucoup les jeunes champions actuels. Il a même ajouté certains sont encore plus forts que nous.

➤ . . . .

. . . .

. . . .

. Je suis désolé d'être en retard je n'ai pas entendu le réveil sonner.

➤ . . . .

Et le Général déclara j'ai faim. Alors, tout le monde sauf Suzy et moi qui avions mieux à faire passa à table.

➤ . . . .

. . . .

. Chaque fois que nous dînons avec les Lantiez nous nous connaissons depuis plus de vingt ans nous nous disputons avec eux à cause de la politique, de l'éducation des enfants, des films autant de ceux que nous avons vus que de ceux que nous aurions dû voir, que sais-je encore si bien que je me demande si nous ne ferions pas mieux de refuser leur invitation.

➤ . . . .

. . . .

. . . .

. . . .

. Il n'y a que les petits hommes qui redoutent les petits écrits, se disait Figaro en attendant Suzanne. *Le Mariage de Figaro*, Acte V scène 3.

➤ . . . .

. . . .

Encor : forme poétique ancienne pour « encore ».

Chacune de ces phrases est sans ponctuation. Rétablissez-la afin de les rendre compréhensibles (plusieurs possibilités).

Exemple : Où as-tu rangé les clés dans le bureau ou dans la cuisine

→ ***Où as-tu rangé les clés : dans le bureau ou dans la cuisine ?***

. Donne-moi la main que je t'aide à traverser la rivière

➤ . . . .

. Est-ce que vous avez acheté le programme non il est beaucoup trop cher

➤ . . . .

. Sur les quais les estivants se détendent en dévorant d'énormes glaces des gâteaux à la crème ou des assiettes de frites → . . . .

➤ . . . .

. Baignade et pêche interdites si on avait su on serait allé ailleurs

. . . .

. Bonjour monsieur Ferran comment allez-vous et comment se portent madame Ferran vos enfants et vos beaux-parents → . . . .

. . . .

f. Il voulait d'après ce qu'on m'a dit épouser une fille de 30 ans sa cadette vous rendez-compte → . . . .

. . . .

g. Qui veut aller loin ménage sa monture dit la sagesse populaire
→ . . . .

h. J'ai ouvert les volets j'ai laissé entrer le soleil dans la chambre
→ . . . .

 445 **Écrivez plusieurs phrases en ajoutant des signes de ponctuation conformém**
l'exemple (plusieurs possibilités).

Exemple : Tout le monde a vu le dernier film de Tarentino (moi, je l'ai vu avec ma sœu
était de passage à Paris — où j'habite — après son divorce) et en dit le
grand bien ce qui m'étonne parce que de mon point de vue ce n'est pas
meilleur (même si, tout compte fait, il n'en a pas réalisé beaucoup) et que d
de mon ami François lui-même (qui est très cinéphile) « *Pulp Fiction*, c'es
d'être un chef-d'œuvre ».

→ ***Tout le monde dit le plus grand bien du dernier Tarentino. Ceci m'ét***
car, de mon point de vue, ce n'est pas le meilleur de ses quelques f
François, mon ami cinéphile, pense aussi que* Pulp fiction *n'est pa
chef-d'œuvre.
J'ai vu ce film à Paris, où j'habite, avec ma sœur qui était de passage a
son divorce.

a. Aline a croisé Loïc (le garçon roux qu'elle avait rencontré en Bretagne — à côté de I
L'Abbé — l'année dernière) sur les Champs-Élysées et elle l'a abordé en lui disant : « bon
mais lui (quel mufle) a fait semblant de ne pas la reconnaître.

b. Ils sont entrés par la fenêtre (celle qui donne sur le jardin) de la cuisine où ils ont vidé le
gérateur (j'avais fait les courses la veille) avant de s'installer tranquillement devant la télé
pour regarder le match de football et vider nos bouteilles d'apéritif (en brûlant bien entend
fauteuils et le tapis avec leurs cigarettes).

c. Au marché, nous avons acheté un poulet, une livre de navets (petits ronds) un kilogramm
pommes de terre (nouvelles), trois oignons (pas trop gros) et une glace chez le boulanger
qui est en face du charcutier où tu m'as dit qu'on trouvait du museau excellent — d'aille
faudra que je le goûte mardi prochain —) mais comme nous avions oublié de faire vic
poulet (Frédéric m'a dit : « quand on n'a pas de tête on a des jambes ») on a dû retourner
le volailler qui nous a fait ça très bien (il voulait jeter le gésier et le foie mais Frédéric lui a
« Laissez-les »).

d. Les enfants sont venus passer une semaine avec nous (à Toulon) ce qui nous a fatigués
tout les grands qui sont insupportables (ils bougent tout le temps et comme dit Paul
dirait qu'ils marchent avec des piles inusables ») ce qui fait que cette semaine n'a pas é
tout repos.

e. La maison avait été construite dans les années soixante sur un sol trop meuble ce qui fait
cause des infiltrations elle s'est lentement affaissée et qu'aujourd'hui elle menace de s'e
drer ce que les assurances refusent de couvrir.

On a entendu toute la journée les sirènes de police et de pompiers (avec ce temps, on laisse les fenêtres grandes ouvertes) et on s'est dit qu'il avait dû se passer quelque chose de grave, un peu comme à l'époque des attentats terroristes et finalement quand on a allumé la télévision le soir : personne n'en a parlé, pas même au journal de 20 heures.

Je crois qu'il faut que je change ma paire de lunettes : j'ai l'impression de ne plus rien y voir, surtout le soir (c'est sans doute à cause de l'écran de l'ordinateur devant lequel je passe au moins huit heures par jour or, dans la notice ils précisent : « ne restez pas plus de deux heures consécutives devant l'écran ») et ça m'inquiète parce que je sais que dans ma famille, plusieurs personnes sont devenues aveugles avant l'âge de soixante ans.

Des centaines de milliers de civils (on les estime à 250 000) ont été victimes des bombardements et une quantité au moins équivalente de personnes (selon le rapport d'Amnesty International) meurent encore depuis la fin de la guerre à cause de l'embargo qui oppresse non pas le dirigeant du pays mais son peuple.

À partir de ces énoncés, n'écrivez qu'une seule phrase en utilisant la ponctuation la plus simple possible.

Exemple : J'ai retrouvé Paul, Sylvie, André, Charles. Ce sont des anciens du lycée ; mes meilleurs amis de l'époque.

→ *J'ai retrouvé mes meilleurs amis de lycée, Paul, Sylvie, André et Charles.*

Ils ont entrepris des travaux importants chez eux. Ils ont peint les plafonds ; ils ont posé un nouveau papier peint dans le salon. De plus, ils ont changé la moquette.

. . . .
. . . .

Ce matin, j'ai écouté la radio. Ils ont annoncé : « Une importante vague de froid va s'étendre sur toute l'Europe occidentale ». Ils ont précisé que des records de basses températures allaient être atteints.

. . . .
. . . .

Pour aller à Étoile, prenez le métro. Changez à Villiers. Prenez la direction Porte Dauphine et descendez à Charles-de-Gaulle-Étoile.

. . . .
. . . .

Je vais aller à la Foire du Trône cette année. J'ai envie d'essayer les nouveaux manèges. J'irai avec Hubert.

. . . .
. . . .

J'ai acheté le livre que tu m'avais conseillé. J'ai essayé de le lire. Je n'ai rien compris. Il est clair que c'est trop intellectuel pour moi.

. . . .
. . . .

f. Prenez l'annuaire du téléphone. Feuilletez les pages jaunes jusqu'à la rubrique « peint
    Arrêtez-vous à « Botitch ». C'est le magasin de mon père.

→ . . . .
   . . . .

g. Le chef de l'État passe en revue le régiment. Tous les soldats sont au garde-à-vous. Il fa
    chaleur torride.

→ . . . .
   . . . .

h. Le rideau va se lever. Dans trente secondes résonneront les premières mesures de l'c
    J'adore cet instant.

→ . . . .
   . . . .

 Choisissez la ponctuation qui convient et rétablissez les majuscules si néces
(parfois plusieurs possibilités).

Exemple : Quelle horreur [! / X̶ / X̶] je déteste le poisson et toi [X̶ / X̶ / ,] tu m'en sers ch
             fois que je viens te voir.

a. Hep [? / ! / ,] taxi [! / : / ?] vous êtes libre [? / ! / .]

b. Pourquoi me demandes-tu si je vais bien [; / . / ?] je sais parfaitement que tu t'en
    [! / . / ?]

c. Je crois que vous êtes allés voir le maire [. / ? / ;] il vous a trouvé [, / (/ -] ou plutô
    [! / , / :] c'est une femme [ ) / ; / !] une place en crèche [. / ? / -]

d. Vous avez rêvé de cet appareil [! / ; / ,] nous l'avons fabriqué [. / ! / ;]

e. Ce livre [(/ : / ,] que j'ai lu dès sa sortie [ ) / : / ,] s'est vendu à 500 000 exemplaires.

f. Elle m'a demandé [: / , / «] pourquoi ne viens-tu jamais chez moi [. / ? / »]

g. Attention [! / , / :] vous n'avez pas vu que le feu était rouge [. / ? / !]

h. J'ai des remords [. / ; / ,] j'ai aussi des regrets [! / : / .] si j'avais su [. / ! / ?]

 Mettez la ponctuation qui convient en rétablissant les majuscules lorsque cel
nécessaire.

Le terrorisme est devenu omniprésent dans la réalité contemporaine / . / C̶ dependant
qu'en sait-on / ? / Q̶ que savons-nous de ces hommes et de ces femmes qui ont fait le ch
se mettre à dos l'ensemble de la société /   / allant à l'encontre de ses fondements moraux
rien /   / ou à peu près /   / les terroristes appartiennent à notre univers médiatique au
titre que les vedettes de la politique /   / des médias ou du show-business /   / tout com
leur /   / leur existence paraît abstraite au public /   / comme s'ils étaient d'un autre monde
mais si l'univers des stars peut être comparé à une sorte d'Olympe moderne ou de pa
céleste /   / c'est dans le ciel que brillent les étoiles /   //   //   / celui des terroristes s'a
rente à un enfer dont ils seraient les démons ou les anges déchus /   / nous sommes tou
tuellement victimes et cibles du terrorisme /   / nous le savons mais n'en faisons aucun cas
comment /   / du reste /   / vivre autrement /   /

449 Restituez à ce texte sa ponctuation.

Du traitement scientifique de l'information dépend la survie de **l'entreprise. En effet, elle** doit désormais tenir compte d'un nombre de données considérable qui sont multipliées par l'inévitable mondialisation des affaires (a) or (b) il n'est malheureusement plus possible à l'homme devenu un spécialiste parfait dans son domaine professionnel d'embrasser l'ensemble de l'activité de son entreprise (c) c'est pourquoi l'informatique est aujourd'hui indispensable (d) elle seule peut résoudre ce problème (e) évidemment (f) seuls les pays dotés de l'informatique pourront profiter des bénéfices de ce progrès (g) cette question se pose donc (h) l'informatique entretiendra-t-elle les différences entre pays riches et pauvres (i)

. . . .

. . . .

. . . .

. . . .

. . . .

. . . .

. . . .

. . . .

. . . .

. . . .

. . . .

Bilan

 450 Ponctuez le texte suivant et mettez des majuscules lorsque cela est nécessaire.

C'est lundi c'est ravioli cette réplique comme d'autres extraites de La vie est un long fleuve tranquille d'Étienne Chatiliez est entrée dans le langage courant preuve du grand succès populaire que remporta ce film lors de sa sortie en 1988 aujourd'hui encore lorsqu'il est diffusé sur une chaîne de télévision il séduit un large public de téléspectateurs

Comédie burlesque La vie est un long fleuve tranquille peut pourtant être résumée sous le mode sérieux une petite ville du Nord fortement marquée par son héritage industriel à l'est la zone ouvrière celle de la famille Groseille à l'ouest le quartier des notables comme le docteur Mavial ou la famille Le Quesnoy

Aucune circonstance ne permet jamais aux uns de croiser les autres tout sépare les Le Quesnoy des Groseille tant géographiquement que sur le plan des valeurs ils ont pourtant une chose en commun laquelle les deux familles sont nombreuses cinq enfants pour les Le Quesnoy il faut croître et se multiplier ainsi que les préceptes chrétiens l'exigent et neuf pour les Groseille qui ne vivent que des allocations familiales

Or un jour une nouvelle va bouleverser la vie de ces deux familles les forçant à se rencontrer

Vous voulez en savoir davantage alors allez voir le film nous vous garantissons 90 minutes d'excellent cinéma.

INDEX

Renvoi aux numéros d'exercices

N° de projet : 10045976 - (III) - (27) - OSBN - 80° - Mars 1998 – Imprimé en France par Pollina, 85400 Luçon - n° 74241